樊登　帆书团队 / 著

中国友谊出版公司

图书在版编目（CIP）数据

孩子天生爱学习 / 樊登，帆书团队著 . —北京：中国友谊出版公司，2023.11

ISBN 978-7-5057-5739-4

Ⅰ.①孩… Ⅱ.①樊… ②帆… Ⅲ.①儿童教育—家庭教育 Ⅳ.① G782

中国国家版本馆 CIP 数据核字（2023）第 202983 号

| 书名 | 孩子天生爱学习 |
|---|---|
| 作者 | 樊登　帆书团队 |
| 出版 | 中国友谊出版公司 |
| 发行 | 中国友谊出版公司 |
| 经销 | 新华书店 |
| 印刷 | 嘉业印刷（天津）有限公司 |
| 规格 | 700 毫米 ×980 毫米　16 开 |
|  | 16 印张　270 千字 |
| 版次 | 2023 年 11 月第 1 版 |
| 印次 | 2023 年 11 月第 1 次印刷 |
| 书号 | ISBN 978-7-5057-5739-4 |
| 定价 | 65.00 元 |
| 地址 | 北京市朝阳区西坝河南里 17 号楼 |
| 邮编 | 100028 |
| 电话 | （010）64678009 |

如发现图书质量问题，可联系调换。质量投诉电话：010-82069336

# 自序

## 你的孩子本就是天生的学习者

由于我讲过不少家教书，很多书友觉得我是家庭教育方面的专家，会经常问我一些有关养育孩子的问题。我发现，父母们最关心的还是孩子的学习问题。"如何让我的孩子爱上学习？""我家孩子不爱看书，怎么让他爱上看书？""我家孩子写作业拖沓磨蹭、粗心马虎，怎么办？"……

其实，我要告诉大家的是：孩子本来就爱学习，他们本就是天生的学习者。你想想，你家孩子两三岁的时候是不是很爱跟在你后面模仿你？你做家务，孩子也想跟着做，只是有时候你会觉得孩子是在捣乱。晚上你给孩子讲故事，孩子是不是不想睡觉，求着你再给讲个故事？带孩子去户外玩，他们是不是对所有东西都有好奇心、探索欲？钻树丛、找蜘蛛、抓蚂蚱、捡果子……哪样他们不喜欢啊，这些行为都基于孩子最初对这个世界本真的求知欲、探索欲，也就是学习的动力。

我们要做的不应该是如何让孩子爱上学习，而是如何唤醒孩子天生的学习本性。可现实情况经常是孩子讨厌学习，这才有这么多家长来问我怎么让孩子爱上学习。想解决孩子的学习难题，首先要思考的是：孩子本来有的学习热情是怎么一点点被消磨掉的？

我总结出来的原因大概有三点：

第一，孩子在学习的时候，我们却阻止、控制他们。其实，孩子的成长过程就是广义的学习过程。想一想，你在什么时候对孩子说过"不许""不可以""不准"？说这些话的时候，我们一定要停下来想想，这时是不是孩子的学习时刻，也就是教育学中的"可教时刻"。有太多孩子在发挥求知欲探索世界的时候，被我们家长叫停。举个例子，嘟嘟小时候很喜欢跳公园里的台阶，家里人都觉得跳上跳下太危险，不让他这样玩，我就跟他说："爸爸看你挺喜欢跳台阶的，从上往下跳的确比较危险，容易伤到膝盖，咱们可以从下往上跳试试，看可以跳几个台阶。"我跟他一起玩，牵着他的手一次甚至能跳5个台阶。我紧接着夸他跳得很高，告诉他要多多运动，这样将来运动能力肯定很棒，还鼓励他多参与跳绳、打篮球等其他运动。在孩子想尝试和学习的时候，首先要做的应该是引导孩子，而不是阻止孩子。运用有效的方式来满足孩子探索和学习的欲望，孩子才会有学习的动力。

第二，孩子在学习的时候没有安全感。为什么会没有安全感？很多时候，我们太把学习当回事儿了，要求孩子必须做好，不能失败。如果孩子失败了或者做错了，家长就会唉声叹气、甩脸子。还有家长跟我说："我家孩子一直都是班上第1名，这次掉到第3名，我觉得好难受。"连孩子考第3名家长都觉得是失败，可想孩子的压力有多大。孩子长期在这种很难被认定为成功，又不允许失败的环境里成长，自然会变得害怕失败，讨厌学习。其实，从长远来看，失败是学习的常态。很多时候，人在成功中获得的成长远远比不上在失败里收获的成长。多给孩子一些鼓励、安慰，他们有了安全感和松弛感，学习效果自然会更好。

第三，因为不必要的包办，把孩子的学习热情消磨殆尽。很多时候，父母潜意识里对孩子不信任、不尊重，认为他们做不好，所以帮他们做了很多他们自己想做、能做的事情。这很容易让孩子形成"打工人心态"，变得消极被动。其实，我们和孩子之间应该是"养育合伙人"的关系：在爱和尊重中给予孩子支持，在失败的时候给予孩子安慰，在成功的时候给予孩子祝福，这才是原本该有的样子。

我想把这本书送给所有关心孩子学习的父母，希望能够缓解大家的焦虑和担忧。帮助孩子提升学习的根本，就藏在我们日常真诚、尊重、有爱、质朴的养育里。只有先修炼自己，凭借知识、智慧找到真正适合自己孩子的养育之道，才能拥有耐心、沉稳和爱。当我们松弛下来，孩子的学习问题也就解决了一半。这也是这本书前半部分"父母的自我修养"的理论基础。与此同时，我还在书的后半部分"孩子的学习之道"中，分享了帮孩子更好地学习的规律、方法和沟通技巧，希望能对大家有所帮助。

先改变自己，才能帮助孩子。通过改变自己，让孩子沉睡的学习热情苏醒过来，让他们对学习更有信心，这就是《孩子天生爱学习》的意义！

孩子天生爱学习
上篇

PARENTS SELF

CULTIVATION

# 父母的
# 自我修养

# CONTENTS

## 01 陪孩子终身成长：成为有生命力的森林
- 孩子是复杂的生命体   005
- 用无条件的爱迎接幸福   010
- 价值感创造终身成就   015
- 终身成长才能有韧性、不焦虑   019

## 02 原生家庭：跳出问题，成长自己
- 直面有问题的父母   025
- 看破六种病态模式的父母   028
- 受伤后学会这样应对   035
- 最后一步：与父母对峙   041

## 03 被忽视的孩子：找回情感的力量
- 有一种隐痛叫得不到回应   047
- 情感忽视的十二种类型   050
- 为什么情感忽视难以避免   058
- 四步走出阴影，重建自尊   062

## 04 解码青春期：这样建立安全感
- 青春期的孩子想要什么   070
- 从传统父母到教练的转型之路   073
- 青春期的分阶段特点   079
- 常见的挑战和应对策略   086

## 05 不管教的勇气："少"的智慧
- 父母正在把痛苦遗传给孩子   097
- 表扬与批评一样危险   100
- 不管教，孩子也能爱学习   105
- 赋予孩子真正的勇气   110

## 06 帮孩子摆脱焦虑
- 识别孩子是否陷入焦虑   117
- 治疗焦虑常备的工具箱   121
- 不助长焦虑，学会智慧对话   125
- 制订"暴露计划"和实施   130

孩子天生爱学习
下篇

THE WAY FOR
CHILDREN TO LEARN

孩子的
学习之道

# CONTENTS

## 07 父母的语言：孩子真正的起跑线

3000 万词汇，拉开孩子人生的差距　　139
用"3T 原则"来与孩子对话　　144
父母的语言全方位影响孩子　　148
家庭氛围是重要的教育资源　　152

## 08 儿童自然法则：不破坏孩子的学习天性

滋养大脑的十四条法则　　157
毫无困难地带领孩子　　165
关键期培养核心能力　　168
用爱支持孩子的社交意愿　　173

## 09 考试脑科学：会学习还要会考试

骗得过海马体，你就赢了　　179
好奇 + 激动 = 记忆魔法　　184
打造超强大脑的方法　　188
帮孩子打开记忆的窍门　　198

## 10 准备：拥有人生的主动权

看到每个人的天赋　　203
让孩子拥有知识　　206
让孩子拥有合作　　213
找到真正好的准备　　218

## 11 自驱型成长：唤醒孩子的内在力量

家庭教育的四个误区　　229
让孩子与压力成为朋友　　232
焦虑的父母就有焦虑的孩子　　238
帮孩子成为学习的主人　　240

## 参考文献　　248

孩子天生爱学习
上篇

PARENTS SELF
CULTIVATION

# 父母的
# 自我修养

# 01

## 陪孩子终身成长:
## 成为有生命力的森林

很多父母对如何教养孩子充满了困惑，其实教养孩子的核心问题在于我们是怎么看待孩子的，父母认为孩子究竟是机械体，还是生命体。

这是完全不同的出发点。在我们的知识中，有一种学问叫作简单的科学，还有一种学问叫作复杂的科学。简单的科学是可以把每一个事物分成部分和步骤，各个部分和步骤之间的因果关系清晰，可追溯，比如造汽车或者造火箭。火箭在人的脑海中是很复杂的，但是造火箭依然是简单体系。因为火箭的每一个模块之间，每一个零件、软件，都是清晰的可追溯的因果关系。

复杂科学是混沌的，因果关系是不明确的。它不能够通过切割成各个部分，把每一个部分做好后拼凑在一起，形成完美结果。比如说天气情况、市场经济、计算机网络，或者一个人的成长和生命。

一个孩子成长的过程，更像一个简单的机械体，还是更像一个复杂的生命体？

# 孩子是复杂的生命体

在你心中，孩子更像一辆汽车，还是更像一座花园？

在简单体系里，如果要打造一辆汽车，所需要用的手段就一定是明确的、有步骤的、复杂的。请注意：简单体系，是需要用复杂的手段来打造的。复杂体系，却需要用简单的规则去驱动。

比如沙丁鱼躲避天敌能力强，当一条大鲨鱼过来咬它们，沙丁鱼会自动完美避开。

计算机专家在模拟沙丁鱼躲避鲨鱼的过程当中发现，给那些小箭头（代表沙丁鱼）输入三条指令，整个沙丁鱼群就有序活动起来了。

第一条指令：紧跟前面的鱼；第二条指令：和旁边的鱼保持等距离；第三条指令：让后面的鱼跟上。

这三条指令被输入沙丁鱼的基因中，它们就会形成梦幻般的鱼群。这就是复杂体系的更迭进步，靠的是简单规则的驱动。

人类一路进化过来，有了今天如此复杂的社会体系，靠的也是三个简单的规则：

第一个规则叫作遗传，父母各自为孩子提供一半的基因。

第二个规则叫作变异，孩子有的特点会和父母不一样。

第三个规则叫作选择，适应这个世界的就留下来了，不适应的慢慢被淘汰。

有人问一名科学家：宇宙的发端到底是什么？

他的回答大意是，他也不知道宇宙的发端到底是什么，但如果有，一定不超过三行代码。

这就是我认为玄妙和有趣的地方。如同老子所说的"无为而治""道生一，一生二，二生三，三生万物"。万物这么复杂的宇宙体系，只是由最早的三行代码不断地迭代至今形成的。

复杂体系靠简单的规则驱动。如果把孩子的成长看成复杂体系，如同一座花园，那么，促进一座花园发展，并不需要像造汽车的工程师那么"使劲"，只要有阳光雨露、鸟语花香，你坐下喝杯咖啡欣赏它就可以。花园自己有生机，它不断地生长，最后还可能长成森林。它也许和你最初的想象不一样，但是它有自己的命运，有自己的生命力，这就是一个生生不息的复杂体系。

但如果把孩子视作汽车一样的机器，大人所用的手段一定极其复杂，就像丰田汽车的生产模式一样，要在每一个步骤中不断地拧螺丝。孩子既然是一个机器，以学习为例，大人就会把学习分为语文、数学、英语、体育等模块，让孩子语文不行补语文，数学不行补数学，英语不行补英语，晚上再下楼去练习跳绳。

最后，孩子语文、数学、英语都可以，跳绳也跳得不错。但是，这样的孩子可能压根不爱学习，他们可能很痛苦，像是被塞到了盒子里长大，后来被扔进了大学。大学毕业以后，他们可能会很颓废，觉得什么都没意思，干什么都没劲。

大人用错了手段，就会把富有生命力的孩子，变成善于考试的机器，这就是用简单体系里对待机械体的方式在对待孩子——把孩子打造成一个听话的机器。结果往往就是大人特别费劲，孩子特别痛苦，亲子关系特别紧张。可很多家庭的现状是，父母们正处于这样的痛苦之中。

《陪孩子终身成长》的核心观点是教养孩子成长是复杂体系，并探究了复杂体系中最重要的三行代码，或者说最重要的三根支柱到底是什么。找到了这三根支柱，孩子丰富了生命力，才能够不断地迭代。毕竟我们替孩子操心再多，又能陪他们到什么时候呢？如果孩子没有保护自己的能力，父母再使劲都没有用。

比如，大量的家长都头疼孩子的作业，在孩子上一年级以后开始紧张，问如何培养好的学习习惯。很多家长就跳出来说：一年级是最重要的时候，一定要盯住孩子，帮他们养成一个良好的学习习惯，等他们学会了写作业就好了。

实际上，从一年级开始盯孩子写作业，就糟了！从此刻开始，就要盯到高三……孩子只要不被盯着，就会放松。

父母"盯"的过程中，孩子慢慢地学会了什么？他们觉得自己是需要被盯的人，没有人盯，就写不了作业。于是"平常父慈子孝，一写作业就鸡飞狗跳"，一提作业，家长们一股莫名的怒火就从后脑勺冒上来。

孩子写作业的时候，做错了题，或不会做一道数学题，是很让人生气的事吗？问一个孩子2加2等于几？他说等于5。在我看来，这是一件很萌、很好玩的事，大人不会犯这样的错，只有小孩才会犯这样的错。这才是正常的心态。但问题是别人家的孩子做错了，一些家长就觉得好萌、很好玩，自己的孩子做错了，就觉得太生气了。怎么能这样？！

我问一些父母，生气、发脾气、骂孩子，对孩子做对数学题有帮助吗？大家都回答没帮助。想想看，一个大人在学开车的时候，伴侣坐在旁边天天骂，有助于学会开车吗？只会越开越没信心，最后干脆说，以后不学了。

虽然知道大喊大叫对于孩子写作业没有任何帮助，但是很多父母就是忍不住大喊大叫，为此，还出现过心脏病发作被送到医院的情况。父母能被气成这样的原因在哪儿呢？答案就在潜意识里。父母把对孩子的期望和情绪都不自觉地投射给了孩子，看见孩子作业写成那样，潜意识里对孩子的期待和情绪会不断放大，并投射到孩子身上：你写作业不行＝你懒、你笨；你能力差＝未来你考不上好大学、没前途、没好工作……因为写作业这一件事情，父母能投射出这么多潜意识的联想和情绪，可以想象，孩子压力会有多大。我们父母要知道，这种投射行为不仅影响着自己，还深深影响着孩子。所以，父母要首先觉察和调整这种投射行为，亲子关系才能修复改善，越来越好。

有很多人质疑：亲子关系对一个人的一生到底有没有决定性的作用？我看过一本书，作者认为一个孩子到了青春期以后，对他影响最大的人不是父母，而是他的伙伴，其次是老师，最后才是父母。但我认为这一观点并没有说服我。

就算我们不说亲子关系对人的一生有决定性的作用，我们至少应该承认，亲子关系对人的一生有非常重要的作用。

比如说孩子做错作业，父母生气。因为父母小时候在做作业这件事上，曾经受过打击和委屈。他们莫名其妙的愤怒就是投射，父母把自己当年所受的痛苦、压力，在此刻投射在了当下的孩子身上，潜台词是"我以前遭受过这样的屈辱，今天我可不能再承受了，这不是我的错"。

很多大人骂孩子的时候，最常说的就是这一句："我有没有跟你说过？我跟你说过多少次了！"

这句话的背后含意就是：这事不怪我，这事怪你。

大人在跟孩子分清责任。一个大人跟一个七八岁的小孩分清这个责任有什么好处？没有好处，只能证明大人发火的那一刻，他自己也回归一个七八岁小孩的状态。

所以，亲子关系对于我们的行为模式、我们的价值观、我们体内的激素水平，都有着非常大的影响。

如果我们认同孩子是复杂的生命体，就要帮助孩子找到建立孩子内在动力的三根支柱。

找到它们，让孩子成为一个为自己负责的人。它们会让孩子自己成长，自己往前跑。

我分享过很多人物传记，有孔子、爱因斯坦、埃隆·马斯克，还有达·芬奇，等等。有哪个人是靠被逼着上各种各样的辅导班，成为一个学霸，最后一步一步成为科学家的？

没有。

当一个孩子内心当中存着生命力的时候，没有什么能压制他。他会不断地探索，不断地追寻，不断地自己找书去读。这才是一个人一生当中最重要的发展动力和力量来源。

但是我们今天完全做反了。很多人的想法是：特别希望孩子像一辆汽车一样，有一个开关，一摁就考上大学了。但是孩子自己想去哪儿？他们不知道。孩子没有内在的 GPS，没有自己成长的动力，所以，老师和家长都变得无比焦虑。

我们理解并搞清楚了复杂体系和简单体系的区别，也就是知道了生物体和机械体的区别，我们就知道，父母在管教孩子的过程当中，如果劲使得特别大，感觉特别累，孩子也特别痛苦，那么一定是因为方法错了。

我们没法把一个孩子拆割成很多不同的零件，硬性地拼凑在一起，让他成为一个了不起的学霸。

正确的做法应该是：把孩子当作一个人，让他的内在产生动力，让他爱自己、爱社会，让他充满好奇心，喜欢探索，遇到了挫折能够自己解决。

这时候父母会发现，他们只需要坐享其成就好了，管好自己就好了。把自己的内心调理得更顺畅，变得更阳光、更健康，这会反过来给孩子带来更良好的人格影响。

在这里，有一个好消息，就是即便父母的很多管教行为错了，孩子依然有可能慢慢长好，因为一个孩子的生命力是无比强大的。有的孩子在年少时，与家人闹别扭，青春期离家出走，跟家里人吵架，过了30岁以后浪子回头，又回归家庭，又跟自己的父母处得还不错。

为什么呢？因为人是有生命力的，人是具备弹性力量的。

所以，就算父母之前给孩子施加了很多的错误影响，孩子最后可能依然会过上美好的生活。我们要对孩子的成长有信心。

如果父母现在把《陪孩子终身成长》读懂，父母也能过上轻松美好又愉快的生活。

# 用无条件的爱迎接幸福

一个人成长过程当中的三根支柱，或者说最早的三行代码到底是什么？

我读了很多书，体会了很多生活之后，自己总结出来了三条，它并不是绝对化的标准答案，但在方向上是可靠的。

我们要给孩子的第一个礼物叫作无条件的爱。

一个人内在的能量来自爱。他为什么愿意为社会做事、愿意探索、愿意解决很多的问题、愿意创业，或者愿意从政？原因是他爱生活，想对这个社会尽一份力量。如果一个人开始不爱自己、不爱社会，他不会有动力去创造一些东西。

所以，给孩子无条件的爱，是家庭教育的基础。

无条件的爱能够带来信任、尊重、安全感。

无条件的爱容易吗？我认为最难的就是它。

每一个父母都认为自己是最爱孩子的人，我很少听说哪个父母恨自己的孩子，当然也有这样的父母，但一定不是多数。我相信大部分的父母都是爱孩子的，但是要真的建立无条件的爱，是一个技术活。

无条件的爱需要和两种习性做斗争：一个是交换，另一个是威胁。

有一天，嘟嘟的小伙伴来家里做客，他说："我妈一旦生起气来，除了头不打，哪儿都打，浑身上下到处拍，还有一次把我推到门外，关起门来，让我在外边待着，说不要我了。"

父母粗暴地说"我不要你"、暴力地打孩子、把孩子推出去，这样对待孩子，孩子哭起来会变得歇斯底里。在这种环境下长大的孩子，一旦闹起别扭来，会大喊大叫，出现一种极其疯狂的状况。

这样的孩子在不断地与父母争斗的过程中，体内的部分激素（如肾上腺素和甲状腺激素）水平已经比其他人高了。他们处在不安全感之中，所以，"天下"太平的时候，他们看起来挺好的，一旦发生矛盾，就能够见"真章"了。

孩子是父母的复印件。当父母喜欢用威胁的方法对待孩子时，孩子就在不断地跟父母学习。在青春期以前，父母对待孩子的方法有多么简单粗暴，父母多么容易搞定孩子，将来，孩子就会经历一个多么残酷的青春期。孩子小时候学到的是：哦，原来处理问题最好的方法，就是把人推出去，把门一摔、离家出走。等到孩子长大一些，到了青春期，有了这样的能力，他们可能就会把这种威胁用交换的方法全部回馈在父母的身上。

这种方法会让孩子对于本来应该学习和锻炼的事情产生逆反心理。很多父母形成的习惯是，孩子无论要什么，父母都说"你给我考个前十，你给我读三遍英语，你给我做作业，我就……"父母总是用这样交换的方法跟孩子沟通，孩子的心里就会得到这样的一个结论：如果学习不是一件糟糕的事，父母为什么要用自行车跟我换？所以，学习肯定不是一件好事。孩子感受不到学任何一种知识本来的乐趣。

往往爸爸们喜欢交换，妈妈们喜欢威胁。可为什么交换和威胁会有这么大的诱惑？

爸爸们常说："如果你今年考得好，带你去旅游。"等到年底，爸爸拿过成绩单一看，就说："这成绩还想旅游，我都没脸去，取消。"爸爸说取消旅游的那一刻，孩子立刻意识到"你爱的根本不是我，你想要的是我们班成绩最好的人，你爱的是成绩"。

妈妈们觉得，只要一威胁孩子就会听话。核心原因是，在某些时候，孩子爱我们要远胜过我们爱孩子。你把孩子揍一顿，过20分钟，孩子可能就跟你和好了，还主动过来跟你讲，"妈妈，我错了"。反过来，孩子把大人打一顿，过20分钟，大人会主动原谅孩子吗？

因为孩子不能够离开这个家庭，所以，一旦父母用交换或威胁的手法对待一个孩子时，孩子就老实了，但他内心的爱此时已经被破坏掉了。

这种错误的沟通方式，无法让父母跟孩子之间建立无条件的爱。孩子从来不会觉得自己被无条件地爱着。孩子很清楚，如果不乖、成绩不好，父母就不爱他们。

当父母无法提供无条件的爱时，孩子内心就没有安全感。没有安全感导致的结果是：孩子会花一辈子的力气去追寻安全感，或为了追寻安全感付出巨大的代价。

也许这时，有父母会问："无条件的爱，那就是干什么都行？什么我都同意，都不管，能行吗？"这当然不可以，无条件地爱孩子，也是可以批评孩子的。如果孩子干什么父母都不管不问，那就造成了"情感忽视"。

管教孩子的最高境界是温柔但有边界。当孩子做错了事，一定要有人指出和纠正，这会给孩子带来安全感。孩子会知道"我的爸妈是关心我的，我如果做错了事，他们会指出来"。

要注意的是，批评孩子之前，先要阐明无条件的爱。例如"因为爸爸妈妈是爱你的，所以，我们要告诉你，为什么不能这么做""因为爸爸妈妈是最关心你的，所以，我们要坚决制止你做这样的事情"。

讲的时候，态度可以严肃认真，但讲完了之后，还要告诉孩子："你看，今天爸爸虽然批评了你，但是爸爸妈妈永远是爱你的。"大人得不断地强调无条件的爱，孩子才能够真的了解"原来爸妈向我提意见、批评我，是真的为了我好"。

我在与嘟嘟互动的过程中，积攒了大量这样的经验。我能够明显地体会到，用学习来的正确方法和孩子沟通，是有效的，也根本不费劲。

很多家长会在公共场合纠正孩子的行为，比如，在博物馆里边说"你别动"，孩子立刻顶嘴说"我就动"。为什么大人越纠正，孩子越不听？

实际上，这是孩子在不断地试探底线，他们觉得父母制止他们就是不喜欢他们，那就索性再做得更过分一点，看看父母的反应。直到最后被揍一顿，孩子心想：爸妈真的不爱我了。这是一个不断试探底线，经过失望、难过，被打一顿，再回归正常的过程。在这个过程中，孩子为了确定父母是不是爱自己，已经消耗了大量的心力。

有一次，我和嘟嘟去逛博物馆的时候，他很兴奋，想要跑起来。我说："嘘。"我就只做了这么一个动作，他就很认真地看着我，对我点点头，跟着我老老实实逛了几个小时。

他为什么能做到这一点？因为他从来没有怀疑过爸爸是否爱他，在他看来，如果爸爸说这事不好，他就一定会考虑，会认真地去思考爸爸的意见。

所以，当你和孩子之间建立了无条件的爱之后，你所说的所有话，在孩子那儿才会有用，才会起效果。否则的话，你们之间是博弈的关系。

很多孩子到了三四岁的时候，就已经在大量事情上与父母形成了博弈的关系。父母说的话就是不执行，除非被打，或者让父母用别的条件来交换。

无条件的爱被破坏了，这就是管教会变得更加困难的一个原因。如果无条件的爱被破坏了，现在应该怎么解决呢？解决的办法是重新建立无条件的爱。

你得不断地跟孩子阐明亲子关系，说："我是爱你的，全家人都是爱你的。"讲话的时候，要注意把爱放在前面，说"正因为是爱你的，所以，我们要告诉你这样做为什么不行"。你要把道理跟孩子讲明白，再表明你希望他能够为自己的未来做更多的思考。

这是父母要对孩子从小到大做的功课，最容易的时候是孩子3岁以前，3岁以前是帮孩子建立价值观、建立行为习惯、建立情感关系最重要的阶段，如果这一步做对了，最终就能实现温柔但有边界的目标。因为边界也代表爱，温柔更是代表爱。

这个目标实现之后，到了孩子青春期，即便出现一些摩擦和不同的意见，你们的心也永远都是在一起的。不会相互怀疑，不会相互欺负，不会刻意地做话语权的争夺。

有的家庭会产生亲子关系的问题，严重到什么程度？孩子会用一生的错误来证明父母的错。

我就见过一个女孩，因为家里让她结婚，于是她就和自己不爱的人结婚了，最后生活变得越来越糟。只要夫妻一吵架，她就把这事拿出来对父母讲——当初是你们让我结婚的，是你们让我嫁给他的。

明明她的生活变得越来越糟糕，可为什么不改变呢？她想证明父母错了。

这就是父母跟孩子之间产生强烈博弈关系的恶果。

父母跟孩子不应该相互博弈，而应该是相互爱着的关系。好好爱孩子，给他们建立一个行为的边界。获得了无条件的爱的孩子，往往举止更得体，更有行为的边界，更知道什么事该做，什么事不该做。这就是家庭教养的表现。

这种教养的表现，绝不来自父母的呵斥。我见过很多父母，为了让孩子表现得举止文雅,就瞪孩子、呵斥孩子、大声喊。父母这样表现很大程度上只是为了自己的面子,孩子根本不知道为什么要举止文雅。

我们常常看孩子的状态,基本上就能够猜测到父母的状态。我有一次在一个寺庙里,看到一个妈妈冲孩子发脾气,看得我真心疼。她大声地骂孩子:"你给我出去,站在门口。"她发现孩子站在门口依然在玩,便追出来在门口接着骂。

这个妈妈希望自己在所有人面前表现得像是一个对孩子有家教,对孩子负责,能够让孩子举止得体的妈妈,但问题是她自己的举止本身就很不得体。

在与孩子的每一次互动中,我们都可以检视自己,是否给了孩子无条件的爱。

## 价值感创造终身成就

阿德勒在《自卑与超越》里有这样一个观点：人终其一生都在寻找归属感与价值感。

无条件的爱可以带来归属感，会让孩子知道，自己属于这个家。那么，价值感如何建立？

这就是养育孩子的第二根支柱，需要父母为孩子建立。

父母要让孩子知道，他们是有价值和能力的，他们自己就可以解决很多问题。也只有自主解决问题，孩子的自尊水平才会高。

要想理解价值感建立的核心，可以看看《你就是孩子最好的玩具》这本书里讲到的一个叫情感引导的方法。情感引导就是有效地帮助孩子建立价值感，通过情感引导，父母可以学到很多。比如，明白塑造一个孩子的行为最有效的时机，不是在他做错事的时候，而是在他做对事的时候。

很多父母对孩子都会进行习惯性打击。无论孩子表现得好还是不好，父母都要打击。表现得好，说"翘尾巴"；表现得不好，说"你看你，比别人家的孩子差太多了"。

只要父母出现，就永远不允许孩子得意，不允许孩子高兴，不允许孩子骄傲。这种习惯性的打击导致的结果是：孩子的自尊水平时刻都在被降低。

父母得知道，一个人的自尊水平决定了他的自律性。自尊水平高的人自律性就强，自尊水平低的人，就可能总觉得自己什么都做不好，自律性也会变差，比如会一有空就看手机，一有空就看电视，甚至晚上不睡觉，开着电视一直看……

要想提高自律性，减轻拖延症，减少各种各样的问题，就要想办法去做一些小事情，提高自己的自尊水平，比如说，好好打扫房间，当房间被打扫得干干净净时，一天的工作效率都会比以往高。因为人的自尊水平提高了。

同样的道理，在一个孩子身上也是如此。大量的孩子拿起手机就停不下来，直到父母把它抢走。这样的孩子，自尊水平极低，他们的父母可能整天对他们说"你管不住自己"。孩子会逐渐地长成父母嘴里描述的样子，也就是，父母说什么样，孩子慢慢地就长成什么样。

孩子在这个世界上最信任的人就是父母，孩子相信父母说的话，如果父母天天说一个孩子是笨蛋，天天说他没有自律性，说他未来没前途……这个孩子就可能真的变成这样了。

要提高孩子的自尊水平，父母就应该在孩子做对事的时候，立刻站出来告诉孩子：你刚刚这件事情做得对，并且说清楚为什么。这样，孩子不仅做了一件正确的事，还学会了一辈子坚持和强化好的品质。

嘟嘟4岁的时候，有一天早上，我发现他一个人在弹钢琴。

我没有表扬他爱钢琴，或者弹得多好听。我说："嘟嘟，你知道吗，你今天早上的这个行为，爸爸很高兴。"只要父母说高兴，孩子就开心，嘟嘟就问："为什么高兴？"我说："你今天这个行为叫作自律。"他问："什么叫自律？"我说："自律就是自己能够管住自己。一个人自己能够管住自己，是非常重要的一个能力。有了这个能力，你学什么东西几乎都能够学会，遇到什么困难你都能够坚持下去，特别棒。"

这并不是表扬他主动弹钢琴这一件小事，而是表扬他在这件事背后所体现的品质，这也是我作为父亲所能够看到的孩子的自主能力。

从那次早起弹钢琴之后，嘟嘟就一直认为自己是一个有自律性的人。他在其他的事情上，也愿意把自己的自律性调动出来。

嘟嘟很小的时候就有手机。他给自己设定了手机上网的时间，设置时间提醒，到时间就停。他设置用的软件，我也不了解，我尊重他的自主性。我也不用陪他写作业，不检查他的作业，不用问他考试怎么样，完全不需要。因为他自己从一年级开始，就慢慢地学会了自己管自己。他知道自己要为自己的人生负责。

决定一个人最后成为谁的，是他自己，而不是爸爸妈妈。

有很多人会问我："樊老师，你将来希望孩子去国外读书，还是留在国内读书？"我说："这事不归我管，这是他的事。"我的责任就是让他看一看国外的环境，给他创造更多的机会接触更多的教育方式。他自己有了方向，一定会自己去选择。

我们提升了孩子的价值感，他们的自尊水平就能提高，然后自律性才能够提高，从而为自己负责。

我希望父母们能改变自己的教育思路，在生活当中，要不断地把目光集中在孩子做对的事情上。即便有很多事看起来是孩子做得不对，背后也可能存在一个对的动机，这是父母需要为孩子去发掘的。

为什么很多父母特别喜欢看孩子做错事情？这来自人类原始的本能。人类从原始社会一直发展到今天，焦虑一直在发挥作用。人必须得有一定的焦虑感，适当的焦虑保护了人类从原始社会一直发展到今天。

我们现在已经不需要过分警惕老虎和其他的洪水猛兽，那些带来焦虑感的外在的生命威胁变少了以后，人体内的焦虑情绪无处安放，导致的结果是自己关心谁，就在谁身上安放焦虑感，于是我们对老人焦虑、对孩子焦虑、对爱人焦虑。

我们要提醒自己，焦虑感只是一种本能。如果一个人仅凭本能做事，就只能适应农业时代的生活。当时的社会建立在小农经济的基础之上，所有人都日出而作，日落而息，不认识字没关系，会种地就行，既不需要带领一支团队，也不需要教育很多孩子去读书，顺应本能就够了。

孟子说"人之所以异于禽兽者几希"，而教育的作用，恰好与人内在的原始本能是相反的，"克己复礼为仁"都在研究人如何跟自己的原始本能对抗，我们要异于禽兽，并且越来越脱离。

父母要想提升孩子的价值感，先要对抗自己的原始本能，不要整天为孩子担心，看到任何事都往坏的方向想。

要慢慢地换一种眼光，觉得很多事情都很好、有前途，即便再不好的事情，里面都能找到背后可能存在的好的原因、动机。

陶行知有一天看见学校里边孩子打架，他把孩子们分开后，就对大孩子说"去我的办公室等我"。想想看，一个孩子被校长叫到办公室了，一定是非常害怕的。出人意料的是，陶行知给了这个孩子一颗糖。他的意思是，让你到办公室来等我，你就来等，说明你心中有师长，懂得尊敬师长。

接着又奖励了一颗糖。因为陶校长刚刚去调查了一下这个孩子打架的原因——别的孩子欺负女同学。这就叫见义勇为，值得奖励。

此时，孩子说："校长我错了，我也有不对的地方，不应该动手打同学，我太急了，我下次再也不打架了。"

最终，他又得到了一颗糖。

陶行知校长用他的态度，告诉了一个孩子，人非圣贤，孰能无过，知错能改，善莫大焉。

想想看，如果你是这个孩子，你这辈子会不会忘记这三颗糖？这三颗糖，帮助孩子塑造了这三个行为：尊敬师长、见义勇为、知错能改。这才是价值观层面最重要的东西。

而反过来，如果处理打架事件的方式是整天叫家长，那给孩子带来了什么价值观？孩子从中学到的是，下次避开大人到墙外边去打架，仅此而已。

所以，一个人从小到大，被父母不断地纠错，被父母揍，被父母打，导致的结果，不是让孩子变得更乖，而是学得更狡猾，是"再也不要被大人发现"。

真正能够有效地帮一个孩子逆转的，是发现他的亮点。像陶行知校长，在孩子已经明显做错事的时候，依然能够发现背后的亮点，去塑造他的正确行为，这就是伟大的教育家。

# 终身成长才能有韧性、不焦虑

一个人的一生中不缺爱，也有价值感，可能依然难免遇到挫折。遇到挫折之后，他的第一反应是"我害怕，我不敢做了，我太丢人了，我不要再做了"，他永远不可能完成自我迭代。

真正能够让他不断向前迈进的，就是终身成长的心态。把每一次挫折，都视作一次学习的机会。

终身成长是"美德背后的美德"。我们生活当中的各种美德，背后一定有一个成长型心态在起作用：

一个人为什么谦虚？因为他觉得日子还长，自己现在所取得的这点成就根本不算什么，他的谦虚并不是假装的。

一个人为什么诚信？因为他知道这一次交易只是一次机会，以后日子还长，还需要建立更好的信用系统，所以他诚信。

一个人为什么努力？一个人为什么勇于尝试？一个人为什么勇于接受挑战？只要去考察，背后的心态都一定来自终身成长，相信自己可以不断地改变，不断地进步。

如果一个人有固定型心态，总觉得"我可不能丢脸，我都混到这个份上了，要失去这一切可怎么办？"，这个人就会变得越来越狭隘、闭塞、故步自封。

父母如何才能帮助孩子去建立"美德背后的美德"？

别给孩子贴负面标签，别总盯着别的孩子优秀的地方，而觉得自己孩子差。父母总是拿自己的孩子和别人比较的时候，孩子就会得到这样的结论：维护自尊体系最重要的是赢过别人。这样的孩子将永远处在一种跟别人比较的体系中，他们不敢去接受大的挑战，他们只想追求赢的感觉。

但赢的感觉是虚幻的。每个人终其一生，最终会发现自己并不需要跟任何人做斗争、做比较，一切都只是自己和自己的较量，看最终有没有跑赢自己，有没有让自己变得更强。

培养孩子终身成长的心态的时候，父母要检查自己：有没有容错，是否对孩子有足够的耐心；在肯定孩子一个个行为的时候，自己肯定的是行为结果，还是行为背后的动机？肯定孩子行为背后的动机，才是最重要的。结果是暂时的，动力才是最重要的。所以，我们在表扬孩子的时候，千万不要只简单地讲"宝贝你真棒""宝贝你真了不起""你是最棒的"。这种话有可能只会让孩子爱慕虚荣，让孩子爱慕"赢"的感觉。

真正有效的方法是跟孩子分析：这次为什么能够赢，我们做对了什么？肯定孩子之前努力练习所带来的回报，让他们感受到练习的过程，感受到学习的过程。如果孩子失败了，也要告诉孩子，挫折本身是带来体验感的，带来的是难忘的回忆，这才能够帮孩子建立终身成长的心态。

在《陪孩子终身成长》这本书中，我提出的教育的三根支柱是：孩子内心有无条件的爱，他们知道父母很爱他们，他们爱这个社会；孩子的自尊水平很高，价值感很强，他们知道自己能够解决问题；遇到了挫折，遇到了困难，他们能够用终身成长的心态不断地迭代，不断地进步。

当我们把这三根支柱放到一个孩子体内后，这个孩子一定会不断地自我迭代。因为人是一个复杂体，真正能够让这个复杂体发挥作用的，只有他真正的内在动力。内在动力如果足够，生命力旺盛，有爱，他便能够逢山开路，遇水架桥。

我们要让我们的孩子成为能够自己去开路、去架桥的人，我们不能天天在旁边辅助孩子一步一步往前走，这是非常危险的举措。

《陪孩子终身成长》这本书中还有一些很有趣的内容，包括父母如何去应对孩子的叛逆行为，孩子如何去修复自己和父母的关系……

好多父母常常问："我明白了应该如何养育自己的孩子，但是我自己跟我的父母有很多的问题，我现在内心有很多的伤，我不知道该怎么办。"

怎么处理跟自己父母的关系？首先要在理解相关理论以后，重新认识自己和父母的关系，理解他们在当时的那个环境下，已经努力做到了他们所能够做到的最好。因为人的认知是有局限的，虽然他们因自己的认知局限做了很多错误的事，但那些是他们能够做的最大努力。

我们只有感谢父母，才能够获得来自父母的爱，进而改变我们和父母之间的互动关系。

如果读了书之后，认为父母错了，恨他们，觉得他们怎么能这样对自己，导致自己今天这个样子……那么就是没有真的读懂这本书，没有懂得爱是需要拿感谢来交换的。

父母爱子女的方式，首先就是给予其生命，这是最重要的东西。子女没法把生命给父母，很多时候唯一能给他们的是感谢。

当我们把生命给了孩子时，爱就传递下去了，这才是一个流动、畅通的生命体系。

# 02

## 原生家庭：
## 跳出问题，成长自己

很多人对原生家庭的概念并不陌生，有人已经感受到自己的性格缺陷和行为习惯，可能都与父母对自己的教养是有关系的，产生了对原生家庭的反思。也有人认为，总用原生家庭的概念来关联，难免会对父母产生太高的要求。

读完书我发现，有的原生家庭真的有问题，父母确实犯了相当严重的错误。比如，对孩子进行长期的言语虐待和殴打。

《原生家庭：如何修补自己的性格缺陷》的英文直译名其实更过分，叫作《有毒的父母》。我们传统文化中有"天下无不是的父母"的说法，但如果真的了解了所谓"有毒父母"的行为，也会觉得有些人真的"有毒"。他们根本没有真正地做到父母应该做的事，而是给孩子增加无尽的创伤和苦难，孩子长大后回忆起自己的童年，都觉得不堪回首。

把这种父母称为有毒的父母，是作者的态度。我为了照顾更多人的情绪，会在分享这本书的过程中，称之为"问题父母"。

有很多人，一辈子都没能达到与父母和解，不能和解，留在他们心灵上的伤害就可能是长期的难以抚平的创伤。

# 直面有问题的父母

什么样的父母是问题父母？问题父母对孩子的伤害有如下特征：持续性、反复性、严重性。

父母对孩子所做的事情，是长期的、严重的、不断的、反复的伤害。比如，长期的谩骂、虐待，长期的不负责任，长期的酗酒，等等。

"中毒"的子女非常容易内疚，因为父母在欺负孩子的时候，会振振有词："要不是你……我才不会……"他们用很多这样类似的说辞给孩子制造巨大的内疚感，让孩子以为自己是不称职的子女。

很多遭遇家庭暴力的孩子，往往责怪的不是他们的父母，成年以后，甚至会说"其实我的父母也是为我好，我的父母也不容易，这都怪我当时不懂事"。

如果我们想要知道自己的家庭是否有问题，可以鼓足勇气来做如下的自测：

第一组问题关于童年时期你和父母的关系：

· 父母说过你很糟糕，或者一无是处之类的话吗？

· 他们骂过你吗？总是训斥你吗？

· 父母体罚过你吗？他们用皮带、刷子，或是别的东西打过你吗？

· 父母曾经酗酒吗？你对此感到过迷惘、不安、恐惧、伤心或羞愧吗？

· 父母曾因情感问题，或身心疾病而情绪严重低迷，或者对你不闻不问吗？

· 你曾经因为父母出现状况，而反过来照顾他们吗？

· 你是否曾在很长的一段时间里，对父母心怀畏惧？

· 你是否不敢表达自己对父母的愤怒？

第二组问题有关成年后你的生活：

- 你觉得自己与他人的关系，具有伤害性或者毁灭性吗？
- 你相信如果你与别人过于亲密，他们就会伤害你或者抛弃你，或者伤害你之后再抛弃你吗？
- 你觉得人们会用最糟糕的方式对待你吗？生活中也总是遇上倒霉事吗？
- 你觉得弄清自己的身份、感受和愿望很难吗？
- 你是否担心人们了解真实的你之后，就不再喜欢你了？
- 取得成功时，你是否会焦虑，害怕有人揭发你是个骗子？
- 你会无缘无故地感到愤怒和伤心吗？
- 你是个完美主义者吗？
- 你觉得放松下来尽情玩乐很难吗？
- 你是否觉得有时自己明明出于好意，行事却与你的父母如出一辙？

第三组问题关于成年后你和父母的关系：

- 父母还把你当成孩子对待吗？
- 你人生中重大决定，大多需要先征得父母的首肯吗？
- 与父母在一起，或者仅仅想到与父母一起共度时光，你就会有强烈的负面情绪反应，或身体反应吗？
- 与父母的意见不同会让你害怕吗？
- 父母会用威胁，或者令你内疚的手段来操控你吗？
- 父母会用金钱控制你吗？
- 你觉得自己要为父母的情绪负责吗？如果他们不高兴，你会觉得是自己的错吗？你觉得哄他们开心是你的职责吗？
- 你是否觉得无论自己做什么，总是对父母有所亏欠？
- 你是否觉得，总有一天你的父母会变好？

以上一共是 27 个问题，如果有 1/3 以上的问题的答案都是"是"，那么你很有可能是遇到了问题父母，也就说明父母在对待你的方法上有很多偏差，这种伤害是持续的，就算父母去世，这种影响也依然存在。

我一个朋友的妻子，小时候她的爸爸对她特别严厉，导致的结果是她爸爸虽然已经去世了，但是她现在完全用她爸爸对待她的方法对待她的女儿。在一些学习问题、生活细节上，她不允许孩子做不好，严厉的程度令周围的朋友都看不下去，说"这太过分了，对小孩子不至于这样做"。

她一方面觉得自己可以为孩子去死，一方面又把孩子折磨得想死。

其实，每一个人都有自己的"影响圈"和"关注圈"，如果父母不在影响圈的范围里，我们就改变不了父母，那调整好自己就可以了，毕竟调整自己和父母的关系，仅靠单方面努力往往是行不通的。

# 看破六种病态模式的父母

**第一种：天下无不是的父母**

父母永远是正确的，他们永远都是为了孩子好。

有一个案例：一个叫桑迪的女孩，在别人看来她似乎拥有了一切，实际上她内心承受着巨大的痛苦，于是去看心理医生。令心理医生非常有感触的是，桑迪一直在为父母开脱，总是给父母找各种各样的借口。明明父母给她带来了巨大的伤害和痛苦，但桑迪努力地建造了一道墙，用来抵挡和否认父母给她造成的伤害。

桑迪在还未确定婚姻关系的情况下和男友发生了关系后怀孕了，之后又被男友抛弃了。她的父母是虔诚的天主教徒，所以完全不能接受流产。他们对待桑迪的方法就是反反复复地旧事重提，一次次地用这件事让她置身于黑暗中。

这让桑迪对父母充满了内疚感，她始终都觉得，自己太对不起父母。

但实际上，桑迪可以反过来想。正如医生问桑迪"现在假设，你有一个小女儿，她未婚先孕，然后还被男友抛弃了，她来向你求助，你应该怎么办？"桑迪马上就回答，自己肯定会帮她，会安慰她，跟她一块儿共渡难关，想办法解决问题。

医生问，那你的父母做得对吗？

她说，但他们是为了我好。

这时候，我们看到了，当一个人被父母错误地对待以后，双方都会采用默认模式。家长会觉得，我们是为了孩子好；孩子也会觉得，他们是为了自己好。

似乎一切都没有什么问题，但是这种长期的心理压力，会导致一个人长大以后，出现大量的心理问题，紧张、焦虑、自责，不会跟别人交往。

她一辈子生活在自责当中，所以，即使长大以后获得任何成就、升职、加薪都不会开心。

### 第二种：不称职的父母

有一个叫莱斯的人，是个真正的工作狂，他只要不工作，就觉得不对劲。哪怕不出门，他在家里也可以不停地工作。

他也知道自己这样做不对，他已经为此和妻子离婚了。后来，他谈的女朋友也忍受不了，指责他不能给予自己时间和爱。但是莱斯只要不工作，内心就会觉得特别痛苦。

莱斯的童年也有一个不寻常的故事：心理治疗师发现莱斯的妈妈在他8岁的时候患上了神经衰弱；他的爸爸整天不回家，妈妈大部分时间总是躺在病床上；莱斯负责照顾他的妈妈，还要照顾两个弟弟。

这种父母是不称职的父母，没有履行父母应该承担的责任。那么，父母最起码的责任是什么？

作者告诉我们，父母应该做到如下5点：

必须满足孩子物质上的需求。

必须保护孩子，使其免受身体上的伤害。

必须满足孩子的爱、关怀，以及更深层次的情感需求，让孩子觉得有人爱自己。

必须保护孩子，使其免受情感上的伤害。

必须在道德伦理方面，给予孩子正确的指导。

莱斯的父亲长期不在家，妈妈长期生病，莱斯从很小的时候，就变成了一个小大人。因此就不难理解，他长大以后为什么成为一个工作狂。他永远都处在高压之下，总想再为别人做点事。

《原生家庭：如何修补自己的性格缺陷》里提到"共依存现象"：如果一个人特别喜欢用照顾别人的方式取悦别人，他往往会遇到一个不负责任的对象。

这两个人谁也离不开谁，互相依存。永远喜欢被别人照顾的人，心安理得；那个整天照顾别人、取悦对方的人，又会觉得只要他付出了，对方就不会离开。两个人之间形成了共依存，他们谁都不愿意改变这种状况。

这本书中还提到了一个现象叫作"强迫性重复"：在父母不负责任的家里长大的孩子将来找对象的时候，很容易找不负责任的对象，再培养出来一个个不负责任的孩子。因为强迫性重复已经把这类孩子塑造成了一个个共依存的人，他们就是喜欢通过奉献的方法来取悦别人。

所以他们长大后，跟别人的合作关系都是不健康的，这导致他们的工作伙伴、妻子、孩子，都可能会成为共依存的对象。

### 第三种：操控型父母

操控型父母共同的特点是喜欢维持孩子的无力感。父母永远在告诉孩子：离开父母是不行的，不听老人言，吃亏在眼前。

我见过一个家庭，妈妈对孩子的照顾无微不至。连孩子坐地铁她都不允许，只因她觉得地铁危险。孩子很优秀，上了很好的大学，出国留学之后也做得非常好。

虽然这个孩子看起来条件极好，但他其实很难发展自己的事业，甚至连谈恋爱都做不到。只要对方和他互动就会发现，他的妈妈永远冲在第一线，替孩子做所有的决定，替孩子挑选所有合适的人，替孩子说"该分手了"。

这导致的结果就是，现在妈妈特着急，说怎么还没有恋爱成功。但这个孩子只能够做学生，只能够接受自己长期地一直被妈妈照顾。

我看完《原生家庭：如何修补自己的性格缺陷》懂得了，这类妈妈的潜意识中不希望孩子离开。她们只是希望维持孩子在自己身边的状态，她们需要维持孩子的无力感。妈妈需要孩子，这是一种直接性的控制。

凡是这种有直接性控制状况的家庭，最常见的现象就是婆媳关系不和，婆婆认为儿媳妇要把自己的孩子夺走，就会跟儿媳妇不断地争斗。

还有一种叫巧妙控制的方法，父母不需要天天说："你要不听我的，我就去死，我就自杀，我死给你看。"他们的办法是总来帮忙，以一种帮忙和自我牺牲的方法，让孩子产生内疚感。

比如，他们会对孩子说："你去玩吧，没关系，不用管我，让我自己在家里看看电视就可以。"他们在与孩子的互动中，让孩子产生了真切的内疚。

操控型父母给孩子的影响，甚至在他们离开了这个世界后依然起作用。这导致的结果往往是让孩子产生两种情况：一种叫投降，一种叫叛逆。

有的孩子投降了，认定自己"反正怎么样也逃不出妈妈的手掌心，就这样了吧"。叛逆指的通常是适得其反的行为。有时候孩子看起来是在叛逆，实际上还是跟父母在一起，且越是不断地叛逆，越会被父母控制得严厉。有的孩子叛逆的方法是不跟别人合作，偏要对着干。实际上孩子本没必要这样，他们对着干的原因，只是为了证明自己跟父母是已经分割开了的。叛逆的核心是孩子没有意识到自己有独立的身份，还在被父母操控着。

### 第四种：酗酒型父母

他们酗酒很严重，但是大家都认为很正常。配偶甚至会替他们打掩护，会说"他就是喜欢多喝一点酒而已，并不严重"。但实际上他们经常喝酒，喝完酒之后甚至会打人。

我的一个朋友，童年经历简直是太惨痛了。我觉得他现在能够笑对过往，讲自己的事情如同讲别人的故事一样，真的好坚强。

他的爸爸几乎每天晚上喝完酒都会打人。什么程度？把他哥哥打至残疾，家里的鸡看不顺眼就使劲摔，还摔死过7只狗。

他和姐姐在家里边吃饭，只要一看到他爸爸开始拿酒瓶，就互相给个眼色，快速地吃完，赶紧跑出去。

酗酒型的家庭，会导致非常严重的结果，有1/4的孩子也会产生酗酒的行为。父母酗酒的女孩子在找对象的时候，很大概率会找一个酗酒的人。因为她的潜意识认为自己可以改造伴侣，"当年我没有改造我爸爸/妈妈，但我可以改造他"，这个想法容易导致婚姻不幸。

最重要的是孩子在这一生当中，对他人缺乏信任感。因为对一个孩子来说，父母是最可以依赖的人，是最不应该骗自己和打自己的人。

父母是孩子信任感的来源。一个孩子如果要对世界产生信心，一定相信自己的父母不会背弃自己。但是当一个父亲喝完酒以后开始乱打人的时候，信任感就会瞬间崩塌，孩子实实在在地感受到了，爸爸是靠不住的，而妈妈也靠不住，因为当爸爸打他的时候，妈妈并没有劝阻，也不会帮自己。

我的那位爸爸酗酒的朋友，更加惨痛的经历发生在他18岁以后。有一天，他爸爸打妈妈。他当时已经成年了，就马上冲过去，从背后把他爸爸抱住，说："你要再打我妈，我就打你。"

这时，他的妈妈扑过来打他，说："你是个畜生，你竟然想打你爸。"

他的内心在那一刻破碎了，他想：天哪，我想保护我的妈妈，竟然成了畜生。

这一对夫妻是共依存的关系。他的妈妈忍受了爸爸一辈子的家庭暴力，她借助为这个男人奉献，来找到自己人生的价值。她看到自己孩子竟然敢反抗的时候，就完全忽略了孩子的需求，在她的脑子里，"孩子被爸爸打是应该的，你爸打我，我接受，何况是你，谁让你是我们的孩子呢"。

这样的家庭环境会对一个人的心灵造成什么样的影响？它会破坏信任感，让孩子成为替罪羊。

### 第五种：身体虐待型父母

身体虐待会令孩子出现抑郁和恐惧症。

虐待型父母分两种类型：

第一类就是纯粹的恶魔。有一些父母生孩子就是用来虐待的。大家千万不要觉得这是天方夜谭。小时候，我家楼上住着一个姐姐，大概比我大4岁，每天晚上惨叫。

她爸爸是个教授，有点像《不要和陌生人说话》里的男主角。全校的人都知道教授是个好人，对谁都温文尔雅、和和气气的。但就是这样一位看起来特别斯文的教授，晚上却会在家里打女儿，打到全楼的人都要捂着耳朵，电视的声音都听不清，直到惨叫的声音消失。而当时的人们没有报警的意识。

这种父母通过虐待孩子找到快感，找到自己的价值，或者完全把孩子当作发泄的对象。

第二类是如同没长大的孩子般的父母。不成熟的父母，只要看到自己的孩子做错事，就会觉得孩子是在挑衅自己，他们会跟孩子斗争，只不过是用打架的方式斗争。

当我看到嘟嘟犯了错，我就觉得好笑、好玩，因为那些是小孩子才会犯的错，而我知道自己是个大人了。但如果大人并没有"长大"，也是个孩子，就会觉得孩子犯错是不能容忍的。

有些身体上的虐待是简单的模式重复。父母觉得"我从小就是这么长大的，我现在不也挺好的"，就用同样的方法接着教育自己的孩子，一代一代地重复下去。

书里有这样一段文字：

"对于那些被父母虐待过的孩子而言，要重新获得信任感和安全感是很难的。他们与父母之间的关系，是成年后我们同别人交往并建立关系的基础。如果我们和父母的关系比较健康，父母充分尊重我们的权利和自由，并给予我们情感上的慰藉，我们长大后就会希望，别人也用这样的方式对待我们。这种正面的期待使我们在成人的关系中更为坦诚，而且内心柔软。"

如果父母对孩子进行身体虐待，孩子的童年就会充满了焦虑、紧张和痛苦，这些情绪慢慢会演化为负面的预期和偏执的戒备心理，而这一切对一个孩子长大之后的状态也有很大的影响。

令人心碎的是——小孩子没法抵抗对自己的存在价值的诋毁和侮辱。

我们是大人，有人跑过来骂我们："你毫无价值。"我们会防御，会重新自我建设：我有价值，别人说的不对。

但是如果一个小孩子遭遇了否定和贬低，别人说什么，他就会信什么。而且长期地被这样说，甚至被打，一个孩子慢慢地就会觉得："我没有价值，我是一个坏人，我是一个坏孩子，我不配获得美好的生活。"

承受过身体虐待的人的共同特点，就是觉得自己不配拥有快乐，生活中不能够接受简单、单纯、美好的快乐。只要有快乐，他们就一定会想办法，把自己搞得再累一点、再焦虑一点、压力再大一点。

我的朋友已经很成功了，但是酗酒的父亲带来的影响，令他从来没有享受过生活。他总是想办法让自己更累、更痛苦、压力更大，就算赚了很多的钱，也并不开心。

在他的内心当中，他不接受自己是一个安于喜乐的人。他接受自己是一个负重前行的人，将特别大的压力压在自己身上。我们在生活中见过很多企业家都是这种人格。

我们在生活中观察到一个人特别习惯吃苦，而且是吃苦到离谱的程度时，去细细了解一下他的童年，可能会发现他遭遇过身体虐待。

### 第六种：言语虐待型父母

很多人误以为言语虐待比身体虐待的伤害程度能轻一点。我曾经在心理治疗的工作坊看到过有人站起来说："我多么希望我承受的是身体虐待，因为身体虐待起码比较明显，别人能看到这孩子受伤，能知道他被打了。我的父母只会一直侮辱我，一直骂我。"

有的父母骂孩子，会骂得极其难听，甚至每天都不停地骂。这种言语虐待会导致孩子极度缺乏自信。

言语虐待的背后，有可能站着的是争强好胜的父母。他们见不得孩子比他们好、比他们强。

一些女孩子到了青春期以后，经常会受到来自妈妈的攻击。她们不停地指责她，导致孩子变得越来越自卑。这类孩子还会容易出现"3P"心理状况。

第一个就是完美主义（Perfectionism），第二个叫作拖延（Procrastination），第三个叫心理瘫痪（Paralysis）。

书里讲到一个案例：保罗的继父向他灌输了完美主义的概念，于是保罗因为害怕不能完美地完成任务而产生了拖延症，拖延的时间越久，越是不知所措，最后，导致的严重结果是心理瘫痪。心理瘫痪的潜台词就是"算了，做不了了，就这样吧"。"3P"会让一个人对成功心怀恐惧，甚至心理扭曲、变态，婚姻出问题。

父母骂孩子的时候是最残酷的，会让孩子产生最严重心理阴影的话就是："我真希望从未生过你，你干吗不去死？"

也许在此刻，你的面前突然出现这句话，会觉得如此刺眼和突兀，可是在有的家庭里，这句话如同家常便饭。

以上就是六种常见的问题父母模式。

## 受伤后学会这样应对

有毒的家庭体系是需要警惕的。当整个家庭存在着有毒的文化时，它会导致一个人产生这样的自我评价：

我没法相信任何人；我不值得被别人关心；我永远都不会成功。

这是一个人判断自己是不是被侵害过的重要标准。有毒的家庭体系就像高速公路上的连环追尾，其恶劣影响会代代相传。

这个体系并非某一父母所发明，而是从先辈那里继承的一整套逐渐累积而形成的感受、规则、交流和观念。

所有的感受、规则、交流和观念，都有说出口的和未说出口的。说出口的就是经常会强调的，会说的；未说出口的是不用说的，大家心知肚明的。

比如，重男轻女。很少有哪个家庭会贴个标语说"我家重男轻女"，或者有哪个人站出来说"我就是重男轻女"。但是一个人每天经历的各种事情，都会反映出这个家里的人对男女是完全不同的两种待遇，这属于未说出口的家庭文化。

再比如说，有的家庭里有这样的观念：无论怎样，孩子都要尊敬父母；凡事必须按父母说的做，否则就是错；孩子就应该安安静静地待在那儿。这样的传统，是不会有人特意说出来的，但是整个家庭就是默默地照此运转。举个例子，孩子淘气、好奇、想要自由，就要被责怪，甚至如果孩子跟父母顶嘴，不问青红皂白就要被打一顿。

还有的家庭是这样：不许比爸爸更成功，不许比妈妈更快乐，不许孩子过自己的生活，孩子必须永远需要父母，永远不能抛下父母……这都是控制型的家庭经常会出现的规则。

综上，不管是说出口的，还是未说出口的规则，有毒的家庭体系都会给孩子造成伤害。

盲目地顺从是整个家庭的洪流，从上往下一代一代地传下来。大部分的人会盲目地顺从，会认为只要跟之前的不一样就是不好，所以大家都在努力地保持家庭的平衡。

很多家庭后来分崩离析，比如说，离婚或者出现大的动荡，往往就是有一件事打破了平衡：搬家、装修、买房子……有件事打破平衡，就可以导致家庭里边潜伏的矛盾暴露出来。

在之前没有打破平衡的时候，所有的人都按部就班，假装没事一样，装作若无其事地持续下去。

这种有问题的家庭，父母遇到平衡被打破的时候，往往会出现以下这五种行为：

第一，矢口否认。他们往往会说："我们家里没什么问题，家里挺好的。"

第二，推诿指责。其中一方说："那不怪我，那是你爸/妈的问题，是他/她逼我的。"

第三，强行阻挠。如果家里发生了变故，要讨论某个问题的时候，他们会强行阻碍一个经历了重重困难的孩子超出他们认知的进步。

第四，三角关系。父亲、母亲、孩子形成一个三角关系，且父母其中一方把孩子当作互斗的武器。

第五，保守秘密。父母对孩子说"我们家的问题不要对别人说"。不论是有人打人，还是喝酒，还是虐待，父母会警告孩子不能往外说，否则就会被打。

### 我们要怎么解决家庭问题？

到底该不该原谅？《这不是你的错：海灵格家庭创伤疗愈之道》这本书不倡导孩子去原谅父母，作者的观点是，孩子没有资格原谅自己的父母，原谅父母意味着你并没有得到爱。本来就没得到爱，还要原谅他们，自己的爱不是更少了吗？毕竟没有爱的时候，就几乎不可能再有爱给别人。因此别用"原谅"这个词。

在《原生家庭：如何修补自己的性格缺陷》这本书中，作者的意思是，如果你没有理清楚之前的情绪和责任，就不要谈原谅这件事。而且原谅是只有在父母努力求得原谅的时候，才有意义。比如，父母觉得自己做错了，之前确实做得不好，这时候的原谅才会有意义。只有释放内心的痛楚和愤怒，让应该负责的人负责，真正的解放才能降临。

绝大多数父母没有严重到变成问题父母，但如果孩子真的受过严重的伤害，应该分清楚责任。孩子一定要明白的是：这不怪你，这不是你的问题，你不需要承担所有的后果，你只有把它释放出来，说明白了，搞清楚了，才能够谈到爱和原谅这样的事。

想要摆脱和父母的纠缠，《原生家庭：如何修补自己的性格缺陷》从观念、感受、行为这三个层面上提供了建议。

书里是这样写的：

"紧密纠缠的亲子关系可以分为两种类型。一种是孩子为了安抚父母而不断地屈服，无论孩子自身有何种需求和期待，他们永远把父母的需求和期待放在第一位。另一种的表现截然不同——孩子大吼大叫、威胁父母，甚至看起来与父母完全形同陌路，但其实他们和父母的关系仍然密不可分。这种类型虽然看起来亲子关系很差，但实质上，父母仍然紧紧控制着孩子的感受和行为。只要你对父母的情感很强烈，无论顺从还是抵触，你都赋予了他们在情感上折磨你的权利，使得他们可以继续控制你。"

只要父母能够非常快地调动孩子的情绪，那就证明孩子依然在跟父母不断地纠缠。

孩子要学会在情绪激动的时候避免接触父母。因为在情绪激动的时候，人的想法和判断会出现较大的偏差。人得学会慢慢地让自己的情绪变得舒缓。

很多年轻人春节回家的时候是这样：刚回去的前两天很愉快，第三天开始和家里人吵架，后面几天干脆收拾行李就想走，再也不想回老家了。其实，不论是过春节的时候，还是提到父母的时候，我们都必须能够冷静地处理和家庭、和父母的关系。

一个成熟的人，要学会情感的独立。注意，情感的独立不是离家出走，不是对父母说"我跟你们没关系了，我今后不跟你们打交道了"。想获得情感的独立，首先要敢于选择，其次要敢于质疑。父母不是完人，父母也可能会做错事，所以孩子要承认，他们有些事做得不对。这就是独立的情感、独立的人格的表现。

如果一个孩子从小被教育"父母做任何事你都只能说对，只能说是"，那他的情感就永远不会独立。针对这种情况，我们可以用上这一招：少一些反应，多一些回应。

举个书中的例子：

妈妈骂女儿："你自私，你忘恩负义。"

女儿说："不，我没有，我总是为别人着想，我总是为你着想，我尽我所能地避免伤害到你和爸爸。不管多累，我都会带你们出去逛街、购物，请你和爸爸到家里吃饭。难道不是吗？不管我为你做什么，你永远都不满足。"

女儿的反应代表着女儿的情绪已经被妈妈的一句话激怒了，又被控制了。心理学家提醒我们，不要有那么强的反应，要学会回应。

当父母非要搬到孩子家里住的时候，孩子可以怎么回应？

母亲说："我和你父亲需要有个住处，你真是个自私又忘恩负义的人。"

女儿说："妈妈，你看问题的方式真有意思。"

妈妈说："我们为你付出那么多，你居然建议我们去住宾馆，我简直不敢相信。"

女儿说："让你伤心了我很抱歉。"

母亲说："你到底同不同意我们搬过去住？"

女儿说："我得考虑一下。"

母亲说："我要你的答复，小姐。"

女儿说："我知道，妈妈，但我需要考虑一下。"

这就是回应，甚至"嗯、啊、哦、是吗，哎哟好玩"也是回应。

如果我们能多一些回应，少一些反应，情绪就不容易被激怒，父母也可能会感觉到孩子已经成了一个独立的人，就不能够再轻易地令孩子发作，比如哭、生气、内疚。

然后我们要学会"非辩护性回应"。

比如说："哦，我明白了。这样啊，你当然有权坚持你的意见。""很遗憾，我不赞同你这一点。""让我想想，很抱歉让你伤心了。""很抱歉让你失望了，我也很难过。"这都是非辩护性的回应。

我们应该学会冷静、理智地跟父母对话，而不是在父母面前不断地辩解，不断地争吵，不断地说"我没错"。回应代表着自己不再被控制。

我们要学会不再自我惩罚。

专业的心理学方法就是要找到观察性自我。观察性自我就是跳出来，看自己的生活，尤其是看自己的童年。

这个世界上，谁能够照顾那个童年里的自己呢？就是你自己。

你可以尝试着拿一张自己小时候的照片，对照片说一说话。你可以说你不需要为什么负责，还可以说哪些事情上父母对你造成了伤害。

比如：

你不需要为他们虐待你负责。

你不需要为他们忽视你负责。

你不需要为他们让你觉得自己没人爱负责。

你不需要为他们残忍而冷漠的嘲笑负责。

你不需要为他们对你的侮辱称呼负责。

你不需要为他们的不快负责。

你不需要为他们自己的问题负责。

你不需要为他们选择不去解决自己的问题负责。

你不需要为他们酗酒负责。

你不需要为他们酗酒后的暴行负责。

你不需要为他们对你的殴打负责。

因为童年时的你需要得到安慰，你需要告诉自己，那不是你的错，你只是个孩子，是他们错了。

这个疗愈的方法，只要拿起照片来说话就可以了。

还可以跟一张空椅子对话。

把空椅子当作父母，与它说话，把对父母的愤怒、委屈，全部都讲出来。因为在家庭中受到伤害的人，往往是不能够直面父母的。

还有处理自己的愤怒和悲伤。在处理自己的悲伤和愤怒的时候，有如下五个方法：

第一，允许自己愤怒，不要压抑自己的感受。愤怒其实是一种力量，把它释放出来，情绪慢慢地也就好了。

第二，表达自己的愤怒，比如用力地捶打枕头。

第三，增加运动量，用运动帮自己释放情绪。

第四，不要让愤怒加深心中消极的自我形象。很多人愤怒起来以后，最后的结论都是恨自己。

第五，把愤怒转化为奋斗的动力。比如"我很气愤，因为我爸从来不让我过自己的生活"，把它变成"我再也不会允许我爸爸控制我、贬低我"。这就是把过去的那种深深的自责，转化成自己要去做些什么事。

学会对自己负责。因为只有你自己能够改变你的生活。

一个成年人要学会对自己负责，需要界定以下九件事：

第一，成为一个独立于父母的个体。

第二，诚实地看待自己和父母的关系。

第三，面对童年的事实。

第四，勇敢地承认自己童年的经历和成年后生活的关系。

第五，勇敢地向父母表达自己真实的想法。

第六，面对并且消除父母对自己生活的控制，无论他们是否健在。

第七，当自己的行为残忍、刻薄，伤害到别人的时候，改变自己的行为。

第八，找到合适的方式来治愈内心的童年创伤。

第九，重新获得自己作为成年人的权利和自信。

# 最后一步：与父母对峙

要一劳永逸地解决克服面对父母时的恐惧，最有效的方法就是跟父母对峙。

提起跟父母对峙，人们通常有三种反应：

第一种反应也许是会说："我永远都不会这样，我绝对做不到。"

第二种反应是过了一段时间，会说："可能吧，将来哪一天，等我准备好了。"

第三种反应是问"什么时候开始"。这就是很有动力的一种状态。

与父母对峙的时候，一个孩子需要做到的是学会直面恐惧。要知道，与父母对峙不是要报复他们，不是惩罚他们，不是让他们收敛，不是向他们发泄愤怒，也不是从他们身上寻找些补偿。我们并不指望通过与父母对峙，把父母改变了，这很难。

与父母对峙是为了直面他们，彻底克服面对他们时的恐惧，告诉他们实情和此后的关系定位。

换句话说，与父母对峙不是为了改变父母，而是为了改变我们自己，为了我们的自我疗愈。

与父母对峙的时候，有如下四个基本要求：

第一，必须坚强得足以应对父母的反驳、否认、责难、愤怒，或其他任何由对峙引发的消极情绪。要能预想到父母可能会打骂、摔东西，说"再也不见你了"。

第二，你必须有充分的支持体系来帮自己度过从期待对峙、对峙本身到对峙的后果出现这三个不同的阶段。你需要有医生，或者朋友的支持。

第三，你必须将想说的内容事先写成信件或加以演练，练习使用非辩护性回应。

第四，你必须改变观念，不再继续为儿时所遭受的痛苦经历承担责任。

为什么一定要做这么艰难的对峙？因为一个原理：凡是没有归还的，一定会转移。

我朋友的父亲有家庭暴力倾向，他一直没有办法把这个伤害归还给他的父亲。他到现在讲起他的父亲，依然是恐惧、紧张，就只好把这个伤害转移到别的地方——用大量的体力劳动，用大量的艰苦来转移。

还有的人甚至将其转移给自己的孩子，就是把这种痛苦、愤怒、委屈，变成打孩子。

很多父母为什么在孩子作业写不出来的时候很快就急了，就骂孩子？一陪孩子写作业就变"后妈、后爸"了，为什么？因为有的人在成长中与自己父母产生的愤怒没有归还，所以转给了自己的孩子。即使心里知道自己对孩子发脾气，根本无助于他们写作业，但是忍不住，莫名其妙，就上来一股火。

所以凡是没有归还的，都会转移，因此我们需要通过对峙的方法来归还。

归还的方法有两种。第一招是写信，第二招是面谈。

写信的话，要写清楚四类问题。

第一部分陈述父母曾经对自己做过些什么，先把事实写出来。

第二部分写清楚自己当时的感受，比如：我当时吓坏了，我在哭，我很难过，我觉得全世界的人都不爱我了，等等。

第三部分写出自己的生活是如何受到影响的，包括对现在的自己的影响。

第四部分写自己现在对父母的要求。

书中有一个案例，一封女儿给她的父亲写的信。

第一部分："亲爱的爸爸，我想要说些以前从没对你说过的事情。首先我想告诉你，过去的几个月里，我没有同你和妈妈过多相处的原因。这或许会让你感到惊讶或烦扰。我不想见你，是因为我怕你，我怕见到你之后又感到无助，怕被你奚落，怕自己又一次在依赖你之后被弃之不顾。让我来解释给你听。"

第二部分写的是"你对我的所作所为""我当时的感受"。

第三部分是"我"的生活是如何受到影响的。"我作为人的尊严，遭到这样无情的践踏。许多男人曾残忍粗暴地对待我，而我却总觉得这都是我自己的错。自从被汉克打过了之后，我甚至还写信跟他道歉。我极度缺乏自信，觉得自己既无能，又无价值。"

第四部分是"我现在对你的要求"："我希望你为你自己是这样一个残忍龌龊的父亲而道歉。我希望你承认你对我造成的伤害，是你让我身心备受摧残。我希望你不要再对我恶语相向，你最后一次骂我时，我在鲍勃家，当时我为了生意上的事情，征求你的意见，你却不分青红皂白地冲我咆哮。我讨厌这样，却还是屈服了，但是今后我再也不会了。我想让你知道，从今往后，我不会允许这种事情再发生。我想要你承认好父亲不会不怀好意地审视自己的女儿，也不会侮辱、贬损自己的女儿。他们只会将女儿保护得很好。"

最后一部分是："很遗憾我们没能保持正常的父女关系。我很想去爱我的父亲，却又无法给他爱，这是我生命中的缺憾。我还是会给你寄贺卡和礼物，因为这会让我心里好过些。但是如果要见面的话，你必须接受我的基本规则。

"我并不了解你，我不知道你有什么痛苦或恐惧。我很感激你曾经努力工作，让一家人生活舒适，也感谢你曾带我度过美好的假期。我还记得你教会我好多东西，大树和小鸟、人和政治、体育和地理、野营和滑冰。我记得那时候你常常开怀大笑。我现在生活好得多了，知道这一点，你可能也会觉得高兴吧。我不会再让男人打我了，我有很好的、很支持我的朋友，有不错的工作和疼爱的儿子。

"收到我的信后，请回信告知。虽然我们不能改变过去，却可以重新开始。"

这就是一封写给父亲的疗愈信件，这就是用信件的方式在对峙。这个女孩因为长期被她的父亲辱骂、奚落、嘲笑，找对象的时候，总是会无意识地选择有潜在家庭暴力倾向的男人。

第二种方法就是面谈。面谈的压力要大很多，《原生家庭：如何修补自己的性格缺陷》的作者经常陪伴子女去面谈。有的父母一看到作者，就说"怎么有别人坐在这儿"，就开始生气了。

有时候会有激烈的冲突，有时候会有沉默的冲突，有时候会谈得很好、会抱头痛哭，等等。

作者告诉我们，不存在失败的对峙，只要你有勇气迈出这一步，去做了这样的对峙，你的心灵就成长了，就已经比过去变得更加坚定、更加勇敢，也不会怕父母了。

我们还需要强调的是，很多创伤需要专业心理治疗。比如，曾遭受到长期严重的家庭暴力的人，就需要找专业的医生。不要只照着书自己尝试，这可能带来危险。

希望每个学习了《原生家庭：如何修补自己的性格缺陷》这本书的读者能够意识到，自己要去保护好自己的孩子，对你最好的治愈往往是孩子。

当你能够把父母给你的那些负面的东西转化，还回去，或者把它想办法解决掉的时候，也会因此在孩子身上得到疗愈。

让我们努力地把爱、安全感给我们的孩子，让孩子能够获得一个美好的童年。

《原生家庭：如何修补自己的性格缺陷》的结束语提到了什么是真正的成长：

"成为一个真正的成年人，并不是那么简单。你会经历一个艰难而疲惫的过程，准备好应对挫折和失误，从上到下，从前到后，从里到外地磨炼自己。焦虑、恐惧、内疚、困惑，对任何人来说都无可避免，但这些魔鬼将再也无法控制你，这才是关键。

"当你可以更好地把握与父母过去和现在的关系时，你会发现，你和其他人的关系，尤其是和自己的关系，会得到极大的改善，或许是平生第一次，你将拥有享受自己人生的自由。"

希望每个人都能够享受自己的人生。

# 03

## 被忽视的孩子：
## 找回情感的力量

《被忽视的孩子：如何克服童年的情感忽视》让我们了解了一个新的心理学现象：情感忽视。"情感忽视"这个概念很重要：

　　首先，它是微妙不可见的。即使是对孩子照顾得很好的家长，也可能会出现对孩子情感忽视的现象。所以，如果你不了解什么是情感忽视，你都不知道自己做的到底是对还是不对。

　　其次，有过情感忽视经历的一些孩子，一旦出现了心理创伤，对痛苦的感受往往不是常人所能理解的。他们可能会莫名其妙地觉得抑郁，莫名其妙地觉得生活无意义，或者莫名其妙地想自杀，等等。跟周围的人格格不入，他们出现的症状可能是：伪装成抑郁，伪装成自己的婚姻有问题，伪装成焦虑或者愤怒，跟周围的同事关系不好。这些都是表面现象，实际上深层次反映的是：他们是曾经被忽略过的人。

　　最后，情感忽视还有一个特征，就是被忽视的人，会在沉默中不停地质疑自己，不停地挑自己的毛病，不停地找自己的问题，认为自己有不可饶恕的缺点和错误。他们是非常痛苦的人。

## 有一种隐痛叫得不到回应

我们可以通过如下问题,来判断情感忽视离自己有多远。
1. 有时会感觉与家人和朋友格格不入。
2. 对不依赖他人感到骄傲。
3. 不喜欢求助于他人。
4. 朋友或家人会抱怨你冷漠疏远。
5. 你感到还没有发现自己生命的潜能。
6. 经常希望自己独处。
7. 暗暗地觉得自己可能是个骗子。
8. 在社交场合中会感到不舒服。
9. 经常对自己失望或生自己的气。
10. 对自己比对他人严苛。
11. 拿自己与他人比较,并觉得自己不如别人。
12. 比起人,更喜欢动物。
13. 经常无缘由地觉得暴躁、不开心。
14. 不清楚自己的感受。
15. 分辨不出自己的长处和短处。
16. 有时感觉自己是旁观者。
17. 相信自己是那种很容易过隐士生活的人。
18. 很难让自己冷静。
19. 总觉得有什么拖你的后腿,让你无法活在当下。
20. 会感到内心空虚。
21. 隐隐地觉得自己有问题。

22. 很难自律。

以上 22 个问题，如果大部分的答案都是"是"，那你就很有可能经历过情感忽视。

我的答案里，大部分的回答是"否"，只有几个是"是"，所以我的个人情况还好。

《被忽视的孩子：如何克服童年的情感忽视》的作者提出了警告：

第一个警告是不完美的父母不一定是对孩子有情感忽视的父母。很多父母可能没有很好的教育方法，但他们未必是对孩子有情感忽视的父母。

父母对子女的情感忽视可以分为两种：

第一种是在重大危机时刻的忽视。比如孩子在青春期遇到了很大的危机，面对了一场突如其来的高压事件，而此时父母却缺席了，对这一次重大危机事件没有任何反应。

第二种是在非常重要的地方忽视。例如，孩子的道德品质，比如人际沟通关系，或者学习能力，如写作文的能力，在一个很重要的方面长期地被父母忽视。

这里还分为急性共情失败和慢性共情失败两种症状：急性共情失败是大事发生时，父母没有共情，没有帮孩子缓解压力；慢性共情失败是长期没有满足孩子的需求。不要随意地对号入座，去下判断。

第二个警告是不必内疚。无论是忽视了孩子，还是自己是被忽视的孩子，都不需要过度内疚。因为内疚于事无补，我们要用开放的、接纳的态度来面对，而不是懂了这个概念后，对号入座批评家人，毕竟抱怨不是解决问题的方法。

情感健康的父母有三个非常重要的特征：

第一个特征是和孩子有情感连接。

当孩子遇到了情感的问题，或者情绪上出现了变化，他们不会躲着父母，不会不让父母知道，这说明孩子和父母之间有情感连接。

第二个特征是视孩子为独立的个体。父母很清楚地知道，孩子是和自己不一样的人，他们有自己的人生。父母不会视孩子为私人物品，让孩子来完成自己的意愿。孩子只是自己生命延伸的一部分。

第三个特征是会回应孩子的情感需求。

这儿有一个例子：

有一天，凯瑟琳和她的爸爸在沙滩上玩，用沙子堆城堡，玩得很愉快。正玩得高兴的时候，她的妈妈打断了他们，说："到点了，过来，你的爸爸不可能陪你玩一天，过来妈妈给你读书。"

爸爸没有任何反对，他把身上的沙子都拍掉，停下了一切，凯瑟琳非常失望地从沙坑里走到妈妈那儿去，听妈妈读书。

在我们看来，凯瑟琳的父母做错了什么呢？这不是生活中很正常的情景吗？玩完了沙子，听妈妈读书，这对父母已经够好的了，不是吗？

但你发现这里边缺失的是什么？

没有人对凯瑟琳的情感做出任何回应。

如果妈妈在发出指示之前，能够看一下凯瑟琳，觉得孩子玩得真开心，再说："凯瑟琳玩得很高兴是吗？咱们应该换一种方式了，因为爸爸还有工作要做，来，妈妈给你读书。"这样说，在两个行为之间就有了自然的过渡和承接。

以上是妈妈在回应孩子的情绪，如果是爸爸，爸爸可以说："谁要去工作，我跟我女儿玩得正高兴，是不是，凯瑟琳？咱们在这儿再好好玩一会儿。"

或者说："哎哟，我真的不想走，咱们在一块儿玩得真开心，对吗？但是爸爸要开个会，你去跟妈妈玩一会儿吧！"这些回复都是有情感回应的。

有的大人只是陪孩子玩，却没有关心孩子的情感，所以孩子会对玩乐的突然结束感到非常失望。愉快的玩耍被中断后，硬生生地变成和妈妈读书，凯瑟琳的情感上是缺乏回应的，这是一个典型的被父母情感忽视的案例。

当然，这会不会给孩子造成心理上的影响，存在个体差异，但我们要对情感忽视有所理解。总之，没有人在意孩子情绪的变化，没有人对其情绪变化做出反应，就是情感忽视的表现。

# 情感忽视的十二种类型

《被忽视的孩子：如何克服童年的情感忽视》中总结了容易给孩子造成情感忽视的父母，总共有十二种类型：

### 类型一：自恋型父母

《母爱的羁绊》这本书讲到过自恋型父母对女儿的影响，尤其是自恋型的妈妈对女儿的伤害和控制是终身的。

自恋型父母的典型特点是认为自己高人一等，父母在家里边跟孩子是完全不平等的，甚至与配偶都不在同一个水平上对话。这类父母的典型特点是脆弱、易受伤、记仇，还推卸责任。

我们有没有见过记仇的父母？对孩子说"我不跟你说话"，就不肯再说话，孩子再去百般地讨好，百般地求饶说"我错了，我改了"，父母不为所动。这就是自恋型父母的特点，他们常用的手段是发怒或者冷落。

### 类型二：专制型父母

专制型父母最典型的特征就是老派做法。比如，家规是孩子不许顶嘴，那就要求孩子绝对服从，不服从，甚至会体罚。

专制型的父母，并不一定会让孩子成为坏人，问题出在情感上，孩子是被忽略的。孩子在专制型的老派父母面前根本没有机会表达情感，父母会说"给我憋回去，不许哭"。孩子在情感忽视的状态下长大，很有可能出现严重的叛逆。

### 类型三：放纵型父母

放纵型父母几乎不和孩子起冲突，孩子做什么都行。书里有个例子：一个女孩子误入歧途，夜不归宿，有一次她妈妈发现了女儿身上有不少来历不明的钱，但只是问了问，就接受了女儿说"帮别人保管"这个蹩脚的解释。

对于放纵型的父母，可能别的孩子会很羡慕，说"你们家真好，你们家干什么都没人管"。

实际上，父母本应付出教育孩子的时间和精力，但如果父母不作为，这个被完全放纵的、溺爱的孩子，得不到来自父母的任何反馈，一样会在内心深处遭遇情感的忽视。

### 类型四：离异/丧偶型父母

离异/丧偶型父母绝不是指所有离异，或者丧偶型父母的家庭。离异/丧偶型父母的典型特点是不快乐，喜欢抱怨，用离异做借口，把所有的原因都归结在婚姻的失败或者是配偶的离开，因为这类父母自己本身也很痛苦，也就没有能量去关心孩子的情感世界了。

当孩子长期生活在一个不快乐和抱怨的世界时，只要发生了什么事，孩子的第一反应，很可能是"要不是我爸/妈离开我，我就不至于……"

### 类型五：成瘾型父母

成瘾型父母指父母酗酒，或者对别的什么事有瘾。成瘾型的父母，最大的问题是其表现常常是过度补偿的。他们经常判若两人，比如喝了酒以后特别坏，还打人，打完第二天就后悔。后悔的时候，就对孩子说"我带你去玩，我给你买好吃的"。

有这样父母的孩子往往生活在两个极端中，有时父母对他们特别好，有时父母对他们特别坏。

生活中这样的父母并不少见，过度补偿的父母有一个共同特点，就是都有不稳定的人格。孩子对父母的人格摸不准，比如"我爸今天心情好不好，如果没喝酒的话就不错，如果喝了酒我就不认识他了"，这样的孩子会特别缺乏安全感，他们一定是被忽略的，因为他们根本就不知道下一刻父母会有什么样的表现。

### 类型六：抑郁型父母

抑郁型父母的特点是本身缺乏能量和热情，就当自己不存在，他们对孩子完全缺乏抚慰。

如同我们在电影里看到的镜头：孩子回到家里，妈妈一个人坐在角落里，自顾自地在想自己的事情，有气无力地对孩子说："你自己热点饭吃。"整个家庭背负着一种沉重的、抑郁的压力。

这时候，孩子的所有情感都只能够自己藏起来，因为父母没有能量去帮助和照顾孩子的情绪，毕竟他们连自己的情绪都控制不好。

### 类型七：工作狂父母

工作狂的潜台词是：一个人的情感和需要都不太重要。

父母是工作狂的孩子长大以后的特点是自我价值低，因为从小到大，父母对他们的照顾，可能都是通过保姆来实现的，他们所有的情绪上的问题，包括学校出了什么问题，都是由别人代劳去解决一下，父母根本不参与。

孩子就会觉得：我根本不重要，我的生活没有价值。

那些用生命犯罪的人，很多都自我价值低，因此去做很多伤害别人的事情。这有可能来自工作狂式的父母所带来的影响。

### 类型八：照顾伤病家属的父母

有的孩子小小的年纪就非常成熟了，因为家里有一个生病的哥哥，孩子不仅要自己照顾自己，还要跟爸妈一块儿照顾哥哥，看起来很感人。

但来自心理学家的警告是，过小的年纪就已经非常成熟的孩子，在青春期的时候特别容易崩溃，很容易走向另外一个极端。

因为人是不可能只付出不得到的，这样的人身体内得到的爱是根本不够的。孩子小小的年纪就整天付出爱，到了青春期以后可能会追求过度补偿，变得无比叛逆。

### 类型九：成就/完美导向型父母

这些父母永不满足，永远焦虑，永远烦躁，永远完美主义。

这种类型在现实生活中更多了，别人觉得一个孩子很优秀了，他的父母却你感觉到你可能倾向于过度强调你的弱点；

很难说你喜欢什么和不喜欢什么；

你不确定你的兴趣是什么；

当事情变得具有挑战性的时候，你很快就放弃；

你选择了错误的职业，或者换了好几次工作；

你经常觉得自己像"一颗卡在圆孔中的方钉"，有一种格格不入感。

你不确定你的父母对你的看法。

### 第四种症状：毫不同情自己，只同情他人

我在自己的亲人中，就能够看到这样的状况。有的人每当说起别人的事的时候，就充满了同情的口气，说"真不容易，你看人家真是可怜，我们应该都帮帮他们"，但是这样的人过怎么样的苦日子，再怎么样受苦受累，却都觉得是自然的。

缺乏自我同情心的标志和信号如下：

其他人经常会请你出来聊聊他们的问题；

其他人经常会告诉你，你是一个善于倾听的人；

你无法容忍自己的错误；

你头脑中总有一个批评的声音，指出你的错误和缺陷；

你对自己比对别人更加严格；

你经常生自己的气。

我希望我关心的亲人能够通过学习而改变。他一心只为别人，别人有什么不容易，他都愿意帮忙，但是自己的困难，哪怕是身体出现了问题，他却都能扛就扛，能不表现出来就不表现出来。这是典型的童年的时候受过情感忽视所导致的。

### 第五种症状：负罪感和羞耻感

负罪感和羞耻感的标志和信号如下：

你有时没有明确原因地感到沮丧、悲伤或愤怒；

你有时候感到情绪麻木；

你有一种感觉，你有什么地方不对劲；

"它更像是一种麻木情绪，你可能有种泛泛的感觉，你缺失了一些其他人都有的东西，或者你是站在世界的外面往里看着的，有些不对劲却难以名状。

"它让你感到与世隔绝，好像你本应该更加享受生活，却没有。"

这样的人总是没有办法投入地享受生活。他们不像别人那样能够心无挂碍地高兴，总是觉得有一种淡淡的无聊、空虚，总有这样的疑问：这一切到底有什么意义？时常陷入莫名其妙的一种情绪中。

正如我常分享的那句话：幸福的反面并不是不幸，幸福的反面是麻木。

### 第二种症状：反依赖

反依赖的典型特征是恐惧依赖他人，有这种症状的人往往会选择独自长大，有遇到什么事都不想求人的心态，即便有的事明明找个朋友问问就可以了，他们就是做不到。

反依赖的标志和信号如下：

你有抑郁的感觉，但你不知道为什么；

你长期有莫名想逃跑或轻生的想法；

即使童年很快乐，你记忆中的童年也是孤独的；

其他人说你冷漠；

亲人抱怨说你情感上很疏远；

你更喜欢自己做事情；

很难开口请求帮助；

你在亲密关系中不舒服。

这样的人，如果进入了一种亲密关系，或者当别人想要称兄道弟的时候，会觉得怪怪的："怎么跟我这么亲近？"这是反依赖中"不愿意跟别人交流，只喜欢一个人自己待着"的特征。

### 第三种症状：不切实际的自我评价

有的人，尤其是女性特别喜欢贬低自己，对自己的评价很低。明明自己挺好的，但就是要拼命地减肥，或者总盯着自己不好看的部分。

不切实际的自我评价的标志和信号如下：

很难确定你的才能；

你感觉到你可能倾向于过度强调你的弱点；

很难说你喜欢什么和不喜欢什么；

你不确定你的兴趣是什么；

当事情变得具有挑战性的时候，你很快就放弃；

你选择了错误的职业，或者换了好几次工作；

你经常觉得自己像"一颗卡在圆孔中的方钉"，有一种格格不入感；

你不确定你的父母对你的看法。

### 第四种症状：毫不同情自己，只同情他人

我在自己的亲人中，就能够看到这样的状况。有的人每当说起别人的事的时候，就充满了同情的口气，说"真不容易，你看人家真是可怜，我们应该都帮帮他们"，但是这样的人过怎么样的苦日子，再怎么样受苦受累，却都觉得是自然的。

缺乏自我同情心的标志和信号如下：

其他人经常会请你出来聊聊他们的问题；

其他人经常会告诉你，你是一个善于倾听的人；

你无法容忍自己的错误；

你头脑中总有一个批评的声音，指出你的错误和缺陷；

你对自己比对别人更加严格；

你经常生自己的气。

我希望我关心的亲人能够通过学习而改变。他一心只为别人，别人有什么不容易，他都愿意帮忙，但是自己的困难，哪怕是身体出现了问题，他却都能扛就扛，能不表现出来就不表现出来。这是典型的童年的时候受过情感忽视所导致的。

### 第五种症状：负罪感和羞耻感

负罪感和羞耻感的标志和信号如下：

你有时没有明确原因地感到沮丧、悲伤或愤怒；

你有时候感到情绪麻木；

你有一种感觉，你有什么地方不对劲；

你觉得你和别人不一样；

你倾向于压抑情感或避免动感情；

你试图隐藏你的情绪，这样别人就不会察觉到；

你会觉得自己不如别人；

你觉得你没有理由活得这么不开心。

### 第六种症状：对自己生气和自责

很多人都有这种症状，其实有时候想想看，我们不要那么追求完美，随缘，慢慢进步、成长，就比较容易原谅自己。

一个人整天不原谅自己，整天生自己的气，他越是不断地责备自己，不断地批评自己，越是不会有动力去改正。

### 第七种症状：认为自己有致命的缺陷

有这种症状的人有些事不能让别人知道，老觉得自己某一个方面非常阴暗，不能够被别人发现，不敢跟别人深交，不敢跟别人敞开心扉聊自己的事。

可以听别人的故事，但就是不愿意讲自己的事情。因为这类人在内心觉得，如果有人真的了解了自己，自己就不会被爱。

### 第八种症状：难以关爱自己和他人

如果一个人小时候没有得到过足够的爱，情感长期被忽视，他很难在长大以后，恰如其分地去爱别人。

他拿捏不好尺度，既有可能会过度地补偿，也有可能过度地冷淡，他不知道合适的界限到底在哪儿。想要舒服地相处，对他来说是很困难的一件事。

### 第九种症状：自我约束能力差

在情感上被忽视的孩子，自我约束能力差。那些叛逆的，在街上飙车的，或者是酗酒的人，基本上家里要么父母忙得一塌糊涂，根本不管孩子，要么父母纵容，再或者就是父母有暴力倾向，经常动粗。我记得自己上小学的时候，班级里有个小霸王，他的爸爸每天把他吊在树上打一顿，拿鞭子抽，而他自己是打遍全校无敌手的人。这就是完全被情感忽视所造成的暴力症状。

### 第十种症状：述情障碍

述情障碍用更通俗的语言解释就是不会好好说话，张口就发飙，也经常毫无理由地发火。有这种症状的人分辨不清楚自己的各种情绪，唯一能够识别的情绪就是愤怒。

虽然我们想让这类人好好说话，但他们不会去表达沮丧、担心、关怀……你们有没有见过把关怀变成愤怒的人？在亲密关系里，妻子的手划破了，老公过来就发飙："怎么这么不小心？！"妻子也很委屈："我手都划破了，你还这样说我。"

可是，他发脾气，是出自关心，只是他的表达方式没选对。他遇到所有令他拿捏不准的情绪的时候，都把它变成愤怒表达出来。

述情障碍很常见，这源于一个人小时候长期受到情感忽视。当父母没有跟孩子做更多情感交流的时候，孩子是不会跟别人表达情感的，也不会用关心、担心，或者稍微有点着急的口气来表达。这些孩子统统不会，所以他的反馈直接变成愤怒，他情绪的开关转换特别简单。

### 第十一种症状（最严重的症状）：自杀

追溯大部分的自杀人士的成长经历，都有着被情感忽视的方方面面的可能性。让一个人放弃自己的生命，不是一件容易的事，他的厌世心理一定累积了很长的时间，才会出现这样的状况，这是情感忽视所带来的问题。

# 为什么情感忽视难以避免

我们想要改变情感忽视带来的伤害，往往会遇到阻力。

**第一个阻力：我们对于改变的错误期待**

很多时候我们觉得"好了，我现在了解了是怎么一回事，我可以改变，我明天就会改变"。这是不可能的。

情感上受忽略的人耐心本身就有限，在改变的过程中，他们会觉得"哎呀，我试了一下没用"。他们把挫折当作失败，把障碍当作失败，把中间的徘徊期当作失败、当作无效，容易轻易地放弃。

这是第一个阻力——错误的期待养成了这么一种思维方式。用了几十年的时间养成的习惯，怎么可能在三五天之内改好？

有一天，一位家长问了我一个问题："樊老师，我听您讲亲子育儿的书，我觉得我以前全做错了，您现在能不能告诉我一个方法，让我把它改过来？"这位家长觉得慢慢学习太慢了，跟我学情感引导的方式也太慢了，想只学一招，一用就灵。

我告诉他："你看，种一棵树最有效的时间是10年前，其次是今天。你10年前应该种这棵树，但你没种，怎么办？答案是今天种。所以你要从今天开始，慢慢用正确的方法，用有爱的方法，用非暴力沟通的方法，用情感引导的方法去跟孩子互动，这样你才能够看到孩子一点一点地改变。"

我们不能抱过高的期望，这会导致更快地放弃。

**第二个阻力：逃避**

很多人知道自己有这样的问题，但假装不知道，觉得不去想这件事就好了。

但不去想这件事，这件事也在，就像荣格说的："当你的潜意识没有进入你的意识，就是你的命运。"

当一个人没有去面对潜意识的勇气，没有见到潜意识在自己身上作用的时候，它就在掌控你的人生，这个人就会不知不觉地做错很多事，不知不觉地跟着潜意识去伤害别人、伤害自己。

如果采取回避的态度，将永远被它所掌握。

### 第三个阻力：不适感

如果你用右手吃饭，吃得很顺，但此刻，你不得不换左手吃饭，你会觉得饭都不香了。因为用左手拿筷子，你有不适感。

想想看，哪怕是学用左手吃饭这么一件简单的事，都需要经历不适的过程，遑论其他事。如果一个人拒绝不适的过程，坚持说"我不改变，这不是我，让我做我自己，我就喜欢孤独"，那就永远不会进步。

### 第四个阻力：我们不了解情绪

很多人都以为，情绪能让人们变成魔鬼，其实是压力让人们变成魔鬼。

人们错误地把情绪当作压力，所以当压力掺杂进来了以后，我们才会做出很多非常奇怪的反应。

如果你能够把这两件事剥离，准确地认识情绪，就会发现情绪不是负担，而是必需品。情绪是我们生活中的必需品，每一个情绪都承担了信使的作用，它是给你传递信息的，是要来告诉你一些事的。

当情绪来了，先要了解这种情绪背后传递的是什么需求。情绪背后一定是需求，了解清楚了需求，再慢慢地放情绪走，才是应对情绪的正确办法，而不是一味地压抑和控制自己的情绪。

如果一个人总是愤怒的情绪一上来，就说"不生气不生气，我压住，我修养很好"，那就可能什么信息都无法得到，也无法从情绪当中学到东西。

所以，人忽视情绪，会生病、会抑郁、会消耗精力、会发脾气、会感到空虚、会有糟糕的人际关系。

总之，人与人的联系让我们的生活产生价值，而情绪是人与人的联系当中非常重要的信使。

以上是我们改变之前，先要扫清的四大障碍。

想要实现改变，我们需要学会正确地对待自己的情绪。

### 第一，学习监控自己的感觉。

有人不懂得内观自己，他们每天都能够看到别人的感觉，看到别人生气了、别人不高兴、别人……其实，他们应该多问问自己，今天自己高兴不高兴，这就是觉知。

几乎所有心理学疗法的第一步都叫作觉知。

《被忽视的孩子：如何克服童年的情感忽视》的作者给了我们一个工具化的方法：每天三次，记录自己的感觉。比如，早上起来10点钟了，这时候先感受一下自己是什么感觉，写下来，再写自己为什么会有这个感觉。

就是总结两个问题：第一个是：我有什么感觉？第二个是：我为什么有这个感觉？

早课算做完了，将有什么感觉，为什么有这种感觉写下来。

中午吃完饭，午休完了，觉察自己此刻有什么感觉，以及为什么有这感觉，写下来。

晚上下班以后回到家，感受此刻有什么感觉，为什么有这感觉，写下来。每天三次监控自己的感觉，这就是修炼。

### 第二，接受并信任你的感觉。

要知道没有坏的情绪，不理性的表现是有原因的。这是可以掌控的，不理性的表现往往发生在压力之下，而不是情绪之下。当你能够好好地观察自己的情绪的时候，你的压力反而会减小。

关于这个话题，我推荐一本书——《感受爱：在亲密关系中获得幸福的艺术》，书里有更加细致的讲解。不要责备自己，不要老想逃避，不要老想压制，不要老想尽快摆脱。去观察，它是很重要的。

**第三，学习有效地表达感觉。**

遇到事情的时候可以说出来。很多人不会表达，比如说夫妻俩吵架，很生气，很多人的表达方式就是反复说"你错了、你错了、你错了"，这根本不是表达自己的情绪，而是在指责别人——通过指责别人的方法让自己减压，觉得不是自己的错。因为很多人小时候经常被人指责一些事是他们的错，所以他们就只好不断地指责别人，说"这是你的错"。

但实际上，这样只会让人际关系变得更糟糕，人们的情绪也会变得更激烈。抱怨、指责根本无助于人的情绪舒缓，要学会说"我真的觉得很生气""我此刻觉得很委屈""你的话让我觉得很孤独"，这才是把感受表达出来了。

**第四，认识、理解，重视人际关系中的情绪。**

最好的练习场所是两个阵地，一个是友谊，一个是婚姻。

你可以在与自己的朋友、伴侣的相处中，尝试识别情绪、谈论情绪、表达情绪。

要能够观察自己的情绪，也能够让对方感知到你的情绪。先不要排斥情绪，不要恐惧情绪，要接受它、观察它，让情绪给你带来信息，让情绪给你带来改变。

# 四步走出阴影，重建自尊

**第一步：学会自我关怀**

如果你小时候被父母忽略了，现在怎么补偿呢？回去找父母将关爱补偿给自己，是不切实际的；找父母说"你现在要重视我的情绪"，但其实你们也没有那么多时间待在一起。这时候最重要的是，要学会自我关怀。

如何自我关怀？

第一，要把自己的感受放在首位。

1. 学会说"不"。当别人跟你说很多事的时候，你可以说："我没时间，不行，对不起。"

我现在每天大量的时间都是在说"不"。每天，微信上都有一些不熟悉的人联系我，想让我参加一个论坛、去做个演讲，约见面的饭局也多，我的办法就是告诉对方："我不参加论坛/演讲/饭局，因为我还有我的生活。"

很多人原来没有勇气说这么多的"不"，但真正说了"不"以后，发现别人也能尊重我们，他们会找我们的节奏配合我们。所以要学会说"不"。

2. 学会寻求帮助。当你扛不住的时候，要学会开口问问别人，去寻找那种能够给你带来足够支撑的人。

3. 发现你的好恶。要慢慢地去观察自己的好恶。自己喜欢什么，不喜欢什么，生活有没有乐趣，哪些东西能带来快乐……总之，要更关心自己的好恶。

我们很多人的父母没有自己的快乐，他们只要看到孩子的日子过得特别好，就很高兴，其他的事情，都不太关心。比如，问他们想吃什么，回答是吃啥都行；问想去哪里玩，回答是哪儿也不去。他们不关怀自己，几乎没有自己想要的乐趣。

如果到六七十岁的时候，我们也是这样一个状态，那生活的乐趣何在？所以得去发现自己的好恶，这其实是关爱自己的表现。

4.优先自己的享乐，得给自己安排一些时间，让自己能够开心快乐。

第二，要调节饮食。

一定要重视吃的东西，千万不要乱吃。吃饭是非常讲究的一件事。最好不要总是吃快餐，总吃高糖、高热量的东西，那样只会让人的身体越来越糟糕。

第三，要锻炼身体，养成规律的锻炼身体的习惯。

第四，要学会休息和放松。

### 第二步：提高自我约束能力

很多人都想提高自我约束能力，就是做不到。

书里提供了一个特别好的方法，叫作"三件事计划"。

什么叫三件事计划呢？

每天列出三件自己不想做，但一定要做的事。

举个例子，比如"下楼跑三圈"是不想做的事，就把这件事记下来。

我要摄入维生素C，要每天吃一个柠檬，也记下来。

如果孩子总缠着你，你可以记下每天要陪孩子玩一次过家家。

再列出来三件特别想做，但是今天不做的事。忍住别做，把它列下来。

比如说特别想玩手机，留出两个小时坚决不玩，这就算一件。

特别想吃肉，忍着点，这是第二件。

特别想吃火锅，也忍着点，这是第三件。

以上都记下来以后，用勾画清单的方法把这六件事做好。

改变不是一件容易的事，改变是一个长期的工作。用这个方法，可以不断地提高自己的自我约束能力。

作者为什么在这里特别强调自我约束能力？因为被忽视的孩子长大了，特别容易缺乏自我约束能力。

我们可以用这种方法训练自己，帮助自己提高自我约束能力。它背后的含义是什么？

如果真的坚持了很多天，我们的自尊水平就会有所提高。像我跑步一样，我能够按照教练的要求，从他布置了任务开始到现在都能完成，我的自尊水平就得到了大幅提高。

在过去，我的朋友说"你要跑步"，我会说"我就不是个跑步的人，我跑不了"。因为在跑步这件事上，我自尊水平低，承认自己不如别人就算了。

但是当教练陪着，慢慢地跑了这么几次以后，我的自我评价变了：别人能跑，我也能跑，我比很多人跑得还久。这时候我就会更有动力继续地提高自己的自我约束能力。

### 第三步：懂得自我安慰

我见过一个到处讲课的讲师，他说自己压力很大的时候有一个放松的方法，就是随身带着他和他女儿的视频。

那是他和女儿去坐过山车，拍下来的一个特别有意思的视频。

那是女儿小的时候的视频，女儿现在都18岁了。他每天只要心情不好就拿出来看，看完心情马上就好了。这是一个很棒的主意。

我所用到的自我安慰的方法是回归正念。

我在任何压力大、烦躁的时候，只需要用手摸一下杯子就好了。

感受杯子的质感、温度，我就回归当下了，喝一口茶，体会一下茶的味道，压力就没有了。

至于杯子的温度是多少都没关系，因为摸着它的时候，你只要感知它的温度就好了。

如果一个人能够获得一些这样的训练方法，就能够快速地回归一个压力正常的状况，实现自我安慰。

每个人安慰自己的方式不一样，每个人都可以找到适合自己的方法。很多小孩子焦虑的时候，就摸被子或者小毯子，只要拿手攥着他们就感觉安全。这就是他们回归当下，安慰自己的一种方法。

### 第四步：学会同情自己

别对自己有那么高的要求，允许自己做个普通人。因为没有人是完美的，你如果脑海当中整天都有人在讲"完美"，你就会跟自己强调"完美，你应该更好"。如果你是这样的，那就需要好好回忆一下，你童年的时候很可能有一个声音，天天在你耳边批评你。否则的话，一个人不至于对自己这么狠。现在长大了,得学会允许自己做个普通人——我就是我,不一样的烟火。

"我可以接受自己"不意味着我不改变,意味的是,我并不批评自己,我并不觉得自己这样是可耻的,我可以慢慢地改变。我知道哪儿好,哪儿不好;我知道自己喜欢什么,不喜欢什么。

以上我们学会的就是:关爱自己、提高约束能力、自我安慰、同情自己。这四步,能够让你逐渐地摆脱被忽视的状况。

情感忽视很难被终结,但如果你希望在自己的家族中,这种事变得越来越少,有两个非常重要的抓手。

第一个重要的抓手就是重视情感。远离情感忽视最核心、最本质的问题,不是不能够拒绝孩子,或是不能对孩子提要求,而是在拒绝孩子、对孩子提要求的时候,重视孩子的情感,要对孩子表示理解。比如,把这样的话说出来:"妈妈知道你很想玩,看到你玩得很开心,妈妈也觉得很开心。"

当你能够跟孩子这样共情的时候,孩子的镜像神经元才能够变得很发达,才能够获得跟别人共情的能力。

所以如果一个孩子从小到大,经常是被忽略的,没有人在乎他的情感,只在乎他的成绩、排名、时间表,他就不会跟别人建立情感连接。

父母一定要在孩子很小的时候,和孩子进行情感方面的沟通,让孩子识别各种各样情感类的词汇。

第二个重要的抓手是视孩子为独立的个体,不要把孩子简单当作自己的延伸,当作实现自己梦想的工具。

有的家长经常这样说:"我没有上过一个好的大学,你一定要上一个好大学。"这就如同把重担压在孩子身上。孩子承担了一个跟自己无关的责任,非得要完成父母的某一个梦想。

我想告诉这样的父母,当你想要给予别人东西的时候,你自己首先要拥有。

如果我们希望给到我们的孩子更好的家庭环境,给他们更多的爱,我们自己要先把自己疗愈了。先学会关爱自己,识别自己的情绪,表达自己的情绪,让自己成为一个有约束力,善于表达情感、沟通情感的人,整个家庭就会和睦很多。

  也许看到这里，很多读者会想到自己小时候被忽视的状况，但是我劝大家不要过度地悲哀，也不要过度地抱怨，因为所有发生的事，一定都有它的原因。你的父母在当时的生存环境之下，能够做到那些事也已经很不容易了。

  所以，我们学习重建自尊，还可以把知识分享给父母，并且对他们表示感恩。当你对他们表示感恩的时候，你的内心会变得更加丰盈、更有力量。

  抱怨、批评、后悔都无助于修补你内心的伤痛。

  只有感谢、只有了解、只有知识、只有不断地践行，才能够让你一步一步地发生真实的改变。

# 04

## 解码青春期：
## 这样建立安全感

《解码青春期：如何陪伴十几岁孩子成长》是很多人需要的一本书，青春期是人生发展过程当中，最迷茫、危险、关键的阶段。

本书作者乔希·西普是孤儿，他曾以为自己的将来会一无所成，甚至会给这个世界带来危险。

他从小生活在福利院。在他很小的时候，有一次隔壁房间的大男孩侵入他们的房间，对屋子里的小孩们进行了伤害，他心中始终存着对于比他大的成年人极度的不信任、不理解。

根据福利院的规则，他们被送到了一个又一个寄养家庭里生活。

作为一个叛逆的孤儿，乔希·西普的回应是不断捣乱，做各种各样的坏事。每次到了一个新的寄养家庭，他就开始计算，自己在多少天会被赶走。由于不断地被寄养家庭送回孤儿院，所以他内心对成年人越来越不信任。

直到他14岁，升七年级前的夏天，他来到了新的收养家庭，这次他的爸爸叫罗德尼。

《解码青春期：如何陪伴十几岁孩子成长》的序言是这么写的：每个孩子都需要一个"罗德尼"，罗德尼指代的就是父母这个角色。实际上，本书谈到"父母"这个词的时候，未必指的是有血缘关系的父母。只要你对一个青少年有着监护关系，负责青少年的成长，就是本书里所说的父母。监护人的身上都有这样一份责任。

乔希·西普在罗德尼的家里做了非常多过分的事。比如有一次，他发现有一家小银行能给自己开户，开户以后就能够拿到支票本，他就开始开空头支票……他认为支票无法兑现的时候，自己就该被罗德尼赶走了。

再比如，有一天，乔希·西普开着车上了路，他没有保险，没有有效的驾照，却在限速的公路上超了一辆警车！结果他被警察抓到了，被戴上了手铐，扔进了监狱。

他被允许打一个电话。

作为一个青少年，跟一群在夜里出没的流浪汉和犯罪分子一起，被关在拘留所，他当然害怕，就给罗德尼打电话，大意是让罗德尼快点来把他保释出去。

罗德尼沉默了一会儿说："好的，我会保释你，但不是今天，我明天早上来办这件事。"

罗德尼认为，自己不能够在孩子犯任何错误的时候，直接把孩子从麻烦当中救出来，因为有些错误需要孩子去承担。

乔希·西普在拘留所里待了很恐怖的一夜，第二天，罗德尼如约来交了保释金，把他带回家。

回家以后，罗德尼说，咱们俩应该谈一谈了。这时候乔希·西普想，终于到这一天了，罗德尼坚持了这么长时间，还是露出了狐狸尾巴，这次肯定要赶他走。

罗德尼之后讲了一句话，这句话改变了乔希·西普的一生。

他说："孩子，我们不把你看成一个难题，我们把你看作一个机会。"

这句话给他的内心带来深深的震撼，乔希·西普开始流泪，开始反思，开始走上合作和学习的道路。这句话也可以送给我们每一个拥有青春期孩子的家庭。当我们视孩子为一个麻烦的时候，我们有没有想过，一个人即使在青春期的时候迷茫，在青春期的时候犯错，做了很多奇奇怪怪的、伤害自己和别人的事情，但他依然是一个巨大的机会。

后来，乔希·西普成为著名的青春期方面的研究专家，不仅可以去哈佛大学、耶鲁大学这样的地方做演讲，还写了这本畅销书《解码青春期：如何陪伴十几岁孩子成长》。这么一个叛逆的孩子，依然可以成为一个学者和专家，而且能够帮到更多的人，这就是生命的不可思议。

# 青春期的孩子想要什么

青春期，太重要了！

美国每年大概有 3200 万名青少年会在学校或网络上遭遇各式各样的欺凌，每年有 120 万名学生辍学，几乎平均每天有 7000 名学生从中学辍学。

另外，在美国，每天有超过 5400 个年轻人企图自杀。

人在青春期身体快速发育，荷尔蒙分泌增多，但是大脑的发育，跟不上身体发育的速度。只有享受满足欲望的那部分大脑区域过早地发达起来，但是控制我们身体的那部分大脑区域还没有发展起来。这就是很多人的青春期如此棘手的原因。

作者在剖析各种问题之前，告诉我们，想了解清楚青春期的孩子，得建立三种关键性的思维。

**第一种思维：青少年比你看到的更需要你**

很多妈妈说："我的孩子就是排斥我，一天到晚不想见我，能躲我多远就躲我多远。"

其实，孩子是在用这样的方式不断地试探父母。因为一个孩子在青春期的时候最担心的事情，是他没有更多的时间，能够跟自己的父母相处了。

我的儿子嘟嘟在 11 岁之前天天黏着父母，跟父母在一起非常开心。

但之后，他慢慢地发现，自己会长大，最终必须得离开这个家，于是他很恐慌。他觉得自己总有一天没法再获得父母的帮助。在这种恐慌的心态之下，孩子会做出很多试探性的动作。

书里有一个隐喻，能够说明这件事情。

乔希·西普在 10 岁的时候，去乘坐木制过山车。当他靠近过山车的时候，他听到了尖叫声,再等他走近的时候,他发现过山车上竟然没有安全带!只有一个大腿压杆,也就是一根简单的金属条,把大腿固定住。

他不放心,就把压杆又拉又拽。他不断地测试,他不是要让它失灵,而是因为,他太需要确认这个压杆的安全性了!

如同一个青少年,因为不太确定自己是否需要感情,他就需要不断地去确认这个感情可靠不可靠。很多青少年所表现出来的对于父母的排斥和抗拒,就像测试安全压杆一样,表面看起来是推,实际上是想把它紧紧地摁在自己的身上。

孩子在长大的过程当中,最需要的是父母给他的资产。父母能够给一个即将长大的青少年的资产,一类叫作外部资产,一类叫作内部资产。

外部资产是对一个人有利的外部环境和经历。有如下四条:

1. 家人的支持:家人给予他高度的支持和爱;
2. 为他人服务:年轻人每周至少要做一个小时的社区服务。
3. 他能够理解界限是怎么一回事,家庭和学校都有明确的规矩和惩罚措施。
4. 他能够有效地利用时间。年轻人每周能花一定的时间,从事创造性艺术,进行体育运动,参加青少年活动或者陪伴家人。

内部资产,也就是给孩子积极的性格特征和价值观。有如下四条:

1. 努力学习。
2. 诚实正直。
3. 计划和决策。
4. 积极的态度。

这两种资产是父母需要跟孩子有大量的互动才能够给予的。

父母该如何和青少年互动呢?

第一,进行专属的约定。

比如,在家庭中安排每周一段时间大家一起度过,如约定每周五的下午,孩子放学以后的时间是属于家人的,父母需要陪着孩子。

第二,作为大人的一方,绝不主动轻易地取消约定。

大人一定要是一个靠得住的压杆,而不是一个随时就会松散掉的压杆。所以大人遇到别的很多事情可以推掉,但是约定必须完成。

第三,要让约会变得有趣。

不一定每次约会,都是聊天、问最近学习怎么样……青少年会觉得很烦。可以安排周末一起出去徒步、一起打球、一起看电影、一起参加读书活动。

大人可以设计一下,让约会变得丰富多彩,使孩子能够期待跟父母在一起,度过这个专属约定的时间。

第四,不要期待这个约会永远是顺利的。

第五,青少年时期所产生的各种各样奇怪的叛逆行为,主要是因为孩子的欲望成熟了、能力成熟了、力气成熟了,但是控制欲望的能力没有成熟。这时候的青少年犯错,是非常正常的一件事。作为大人,需要掌握两个选择,选择一是尝试失败,放弃;选择二就是尝试失败,再尝试。

我们会如何选择呢?

如果我们稍微有一点人生的阅历,就会知道,在人的一辈子里,没有任何一项技能是不经过失败就能轻易学会的。想象一个小孩子学走路,只要摔倒一次就说"我再也不学走路了",那他不可能学会走路。会有人喝一杯水,觉得好烫就说"哇,不喝了,我再也不喝水了"吗?这都是不可能的。

如果在跟孩子约会的过程中,出现不顺利的事,孩子生气了,自己一个人走回家了,说"我再也不跟你一块儿玩了"……大人要意识到,自己可以尝试在下次做得更好。

举个例子,一个家庭中的水管爆了怎么办?肯定需要大人来维修。所以,大人要负责维修。同样,亲子关系没有处理好,大人也需要去帮助孩子。

《叛逆不是孩子的错》这本书提过,几乎所有孩子的叛逆行为,背后的声音都是无助的。某一天,一个孩子突然觉得自己长大了,别人把他当作大人看待,他甚至需要承担法律责任。但是他其实并不知道怎么做,他不知道怎么去对抗自己的欲望,不知道怎么去对抗自己想要去打电子游戏的冲动,也不知道怎么去面对高考……他充满了无助的感觉的时候,最需要的是来自父母的帮助,而不是父母说"行了,你大了,我不管你了"。

## 从传统父母到教练的转型之路

在分享第一种关键性的思维的时候，我希望所有误以为子女不再爱你们，想要远离你们的父母能够知道，孩子的内心当中，在不断地呼唤父母的靠近，在不断地呼唤父母能给出一些关注和帮助。

想要走近青春期的孩子，应该建立的第二种思维：游戏规则变了，父母要从空中交通管制员变成教练。

孩子10岁以前，大部分家庭里，父母有一个"空中交通管制员"的身份。父母来安排所有的"航班进港"，对孩子说"你该做这个，该做那个；该去上培训班了；你在里边上课，我在外面等着你……"

很多大人把孩子的所有行为都控制得死死的，因为他们认为孩子太小，不能够离开大人的监护。但当孩子进入青春期后，父母需要找到一个新的身份。新的身份叫作教练。教练能替球员上场打球吗？不能。要知道"上场打球"，解决问题的人，一定是孩子自己，而不是其他人。

书里有这样一句话，是我读完这本书以后，迫不及待地在我的朋友圈里分享的——你可以控制孩子，或者你可以帮助他们成长。但是二者不可兼得。

我相信每位父母都希望帮助孩子成长，那就意味着不能够控制孩子，我们还得重新理解教练这个身份。

教练有两个特点。第一个特点是，教练很权威。

父母成为教练后，不意味着不管孩子了，而是要在孩子面前，建立起一个可信的形象，让孩子遇到任何问题，都愿意与父母商量。

比如，我的孩子嘟嘟放学回来，有时候对老师的行为产生了质疑，就会跑来问我，那就说明我在家里是他的权威，他觉得爸爸的声音是自己愿意听的。

还有很多家庭的孩子，跟父母说话的口头禅是"我们老师说的"。仿佛一件事只要老师提过建议，父母再说什么都没用，这是孩子跟父母对抗的一种表现。

父母能否当好教练，一个重要的表现就是孩子是否相信我们说的话，我们在家中是否有一个权威的形象，毕竟教练是有专业水平的。

教练的第二个特点是，教练很重要。

我小时候看球赛没经验，总觉得球星很重要，总问大人球星的名字，我记住的是在场上踢球的人。

后来发现一换教练，有的球队就不行了。

现在，我们看电影的时候发现有名的明星凑在一起，也可能呈现出一部很烂很烂的电影，因为导演不一样了。

所以导演和教练其实才是厉害的人，做教练绝不意味着从空中交通管制员的角色退居二线，什么也不干了，相反，父母更要打起精神来。因为我们肩负了一个更重要的职责：要教会自己的孩子。

好的教练有三个特质。

第一个特质是更加关注个性，而不是只盯结果。

这对大量天天吵架的有叛逆孩子的家庭都有极大的帮助。家庭氛围紧张的原因往往是父母只会说一类话："你能不能考上大学？你现在的成绩排名怎么样？"

当父母的眼睛只盯着最终的结果，只盯着能不能上大学这么一件事来看的时候，没有孩子能够受得了。

孩子会觉得："我还是个人吗？我难道就是一个考试机器吗？"

优秀的教练看中的是一个人身上的特质，他将来会成为一个什么样的人。

想想看，这本书的作者乔希·西普的人生轨迹就绕了非常大的一个弯，甚至差一点进了监狱。

很多父母不能接受孩子走弯路，但是，这有可能是孩子的必经之路。是其成长的过程当中所需要经历的事情。

一个人怎么能够一点挫折都不受，一条直路走过来呢？如果那样，遇到坎坷，他的精神反而会崩溃，导致整个人没有抗压能力。

哪有教练只盯结果的。没有教练一上场就说："我只看最后一场比赛，这次必须进入世界杯。"教练要先改变球员踢球的方式，改变他们的思想、价值观，让他们团结，甚至还要关注他们睡觉睡得好不好。只有一点一点地帮队员培养每一个环节的能力，最终教练才能够看到一个自己想要的结果。

第二个特质是跟孩子普及"毁灭性"失败。

比如，喝醉了酒、危险驾驶就有可能导致毁灭性失败。再比如，有的青少年迷上了暴力，失手打死了人……

如果一个人在青少年时期，其父母没有尽到责任，不探讨这些问题，一旦他的人生中出现了毁灭性失败，就可能再也无法挽回了。

但是父母又不能够像空中交通管制员那样，一天到晚盯着孩子，这么做会适得其反。

父母需要经常性地跟孩子故意讨论："哎，昨天我看到一个新闻，有一个小孩刚成年就开车出去，结果撞车死了……"再和孩子讨论应该如何远离这种毁灭性失败。

美国社会贫富差距非常大，如果是一个来自贫困家庭的孩子，能够做到以下的三件事，就有摆脱长期贫困，超过 80% 人群的可能：

1. 坚持把高中读完。
2. 等到至少 21 岁再结婚。
3. 等到结婚后再生孩子。

第三个特质是用价值观，而非情绪来管理孩子。

很多父母管理孩子的方法是发脾气、拍桌子、摔东西，说"我不理你了，你太让我失望了"。这只是情绪的发泄，孩子学不到任何正确的价值观，只会学到"如果发飙的话，我也要像你一样凶，我们看谁的声音大，那到最后就是双方互吼"……直到这个孩子个子比父母长得还高，爸爸发现已经打不过孩子了，就算了，彻底放弃了管教。

大量的家长不再打孩子是因为打不过了，这其实一点都不好笑，很多家庭的爸爸都会说"再也打不动了"。

暴力情绪是会遗传的，我们需要用价值观来引导，就像书中的罗德尼，他并没有发飙，并没有指责"你对得起我吗？你是一个人渣"，罗德尼只是表达了一个人需要为自己的行为负责的观点，所以他要到明天早上再来保释乔希。

他的情绪是很稳定的，他所传递的第一个价值观就是一个人做错了事，要自己负责。第二个价值观就是"我会来保护你"，所以他第二天早上把乔希保释了出来。第三个价值观，就是事后讨论问题的时候，他对一个叛逆的青春期的孩子的态度是"你视自己是一个麻烦，但我们视你是一个机会"。

很多父母面对孩子的时候，总觉得迷茫无助。不知道该如何与孩子沟通交流的时候，不妨问问自己这样的问题：我的价值观到底是什么？我有什么正确的价值观可以传递给孩子？我为什么反对孩子做这样的事，背后的原因是什么？

背后的原因才是价值观。

父母说"我不希望孩子做这样的事，因为我很生气，因为我很担心，因为我觉得好烦"，这体现的都是情绪，而不是价值观。

要想当好教练，要做以下两件事情：

第一个是赛前训练。

赛前排练就是当一个孩子要去面对一件事之前，不知道该怎么做，还没发生这件事时，父母要协助他不断地训练。

有一年暑假，我曾把儿子一个人送到国外参加夏令营，当时嘟嘟10岁。孩子从来没有一个人出过门，我们当时很担心、很紧张，就在家里边一遍一遍地问："迷路了怎么办？如果身体不舒服要告诉谁？记得我们的电话号码吗？在当地能找到谁？"提前为一些突发情况做准备。

这就如同教练所做的赛前训练，在比赛之前要看图，要有大局观，还要提前了解场地、风向、气温等细节。

第二个是赛后回顾和评价。

嘟嘟从国外回来后，我们就和他沟通，询问这次怎么样，学会了什么，有哪些技能掌握了，下次可以调整的部分在哪儿。

这叫作赛后回顾和评价，是可以跟孩子讨论的，能让孩子有所收获。

作为教练，面对队员的失误，不能急着指责，而要帮队员总结和学习。而在比赛中，教练唯一能做的事是放手。

我们回顾一下自己的人生，走过多少弯路，犯过多少错误，遭遇过多少失败，太正常了。遭遇失败是一个人一生当中，最重要的财富之一。所以当孩子遭遇失败的时候，我们陪孩子的重点是帮其分析可以从中学到什么。

想要走近青春期的孩子，应该拥有的第三种思维：家长也需要帮助、需要学习。

很多成年人是傲慢的，靠谎言度日，他们脑中盘旋的那句话是："我怎么可能能力有限？"他们不愿意承认自己的缺陷，然后再去努力。他们只想听自己的声音，认为自己不需要帮助。

这会营造一个害怕失败，耻于寻求帮助的家庭文化。叛逆的家庭有一个非常重要的特征，就是爸爸妈妈在孩子面前，永远维护自己的权威，从来不承认自己错了。父母做了错事，很正常，孩子做了错事就不行。天天吵架的家里，父母能指出孩子身上无数个缺点。如果你建议经常骂人的父母去读书，他们可能立刻就怒了，说："凭什么让我改变，读书有什么用？"

其实，父母可以有选项B。选项B就是谦逊，以真理为准绳。承认个人能力有限，因为自己有盲点、有弱点，也脆弱，也会在有些时候以自我为中心，所以也可以申请一些帮助。

这会营造一个彼此信任、紧密联系的家庭文化。父母也能够向孩子求助，或者父母之间可以求助，可以通过读书学习，不断地进步。

孩子看到父母为了自己竟然在努力学习，孩子能从中感受到父母是谦逊的人，也需要学习和帮助。选择谦逊并不意味着选择失败，而是意味着我们克服了自己懒惰的本能，我们"不想被霸王龙吃掉"。它不会让你变得软弱，相反，它会让你更加勇敢，谦逊是获得青少年信赖的最佳方式。

大量的父母容易陷入以下四种陷阱：

第一种是舒适陷阱。父母只追求自己的舒适，对孩子发生什么事，不管不问。

第二种是认可陷阱。父母对于孩子所做的各种各样的事都只有认可、讨好、不对抗。孩子很容易做很多错误的事情，但是父母却只强调孩子做的正向的事，没有人去触碰真正的错误，明明房间里有"巨大的大象"，全家人都假装看不见。

其实，爱在某些程度上意味着明确的规矩。如果一个家里没有明确的规矩，孩子觉得做什么都可以的时候，他的内心是非常恐慌的，他明知道自己横行霸道的这一套到了社会上行不通，家里却没有人跟自己讨论自己做错的事情和边界与规矩在哪里。

《正面管教》这本书的英文名字叫作 Positive Discipline，也有"积极的纪律"之意，父母要培养孩子的纪律和积极的人生观，要温柔但又有边界。温柔代表着爱，边界代表着规矩。

所以，如果一个孩子从来不被批评，且孩子的行为很没规矩，这就证明这个家里还缺了一种积极的规矩。

第三种是控制陷阱。一切都是父母说了算，一个十五六岁的小孩，做任何事情都要回头问父母行不行，自己完全没有主见，就是被控制得太厉害了，很大概率是父母太强势，不懂得放手。

第四种叫成就陷阱。父母只关心孩子是不是赢了，拿回来多少枚奖牌，能考上什么大学，排名有没有进步。

这四种陷阱是导致孩子在青春期出现大量叛逆行为的重要原因。有一部电影叫《查理和巧克力工厂》，其中只有主人公——小男孩查理是健康的，其他的几个孩子则分别代表了舒适陷阱、认可陷阱、控制陷阱和成就陷阱。比如，有一个小女孩，整天想着自己要拿冠军，从不享受探索巧克力工厂的乐趣，她的行为就符合成就陷阱。

如何让我们走在通往谦逊的道路上呢？谦逊不意味着无能，谦逊意味着勇敢。当一个人向别人提问，能够去主动学习，甚至愿意花钱去报班学习的时候，我会对他表示尊敬。我肯定不会觉得这是在做傻事，我认为这证明他对一件事情是认真的。

孔子在《论语》中提到了一个态度，就是一个人要想做成大事，要学会"临事而惧"。就是面对大事，得有敬畏之心和紧张感。

怎么才能变得谦逊？

第一，向别人请教。

第二，和好朋友交心。

第三，组建一个自己的顾问团。

比如，组建一个关于孩子怎么度过青春期的顾问团。当你谦逊地向别人请教的时候，犯错误的可能性就会大幅地减少。

# 青春期的分阶段特点

### 第一个阶段：11—12 岁

11—12 岁孩子的主要特征：天真、多变、缺乏安全感。

此时孩子的生活焦点是如何让别人接受自己，成人在这个阶段的核心作用是提供保障。父母要意识到，这个年龄段的孩子，非常想和我们在一起。

父母可以和孩子一起规划去探险，考虑有意义的活动安排。如果孩子有愿望清单，跟孩子一块儿实现。

尽情享受和孩子一起读书、看电影、听音乐的时光，这能引发你与孩子之间关于人生有意义的谈话。

与孩子谈论成人的话题，谈论你最大的冒险和失误，他们会想听的。我儿子特别喜欢听我上大学的故事，特别喜欢听我讲过去所遭受的挫折、失败。

我有一次打乒乓球的时候，和嘟嘟讲起自己当年参加乒乓球赛，最后决赛那一局输掉的事情。

我儿子让我仔细跟他讲讲。我说，打到最后一个球，21∶21 平的时候，需要连赢两个球才能赢，我很紧张，呼吸已经发生了变化，我把一个球抛起来准备发球的时候，呼吸节奏变了，结果竟然吹了一口气，把球吹跑了。

我儿子听完了以后没有嘲笑我，他特别理解我，说："爸爸，比赛到了这种时候，真的是会很紧张的。"

我们需要跟孩子讨论自己过去的冒险和失误，也可以和孩子讨论关于性的话题，认真地回答他们问自己的任何问题，因为如果父母不这样做，他们就会去网络上找，毕竟我们挡不住孩子应该要了解的内容。

11—12 岁的孩子的心理特点如下：

喜欢学习新技巧，喜欢有挑战性的事物。
渐渐地能够理解抽象的概念，比如说什么叫正义。
开始具有从不同的角度来看待世界的能力。
努力寻找别人行为的动机。
大脑的快速发育可能会导致健忘，这并不是粗心。

人际关系的特点如下：
经常辩论，论证大多以情感为基础，而不是逻辑。
寻求同伴的认可、赞同。
常在家里表现出自己最坏的一面。
如果有一位同性的挚友，会让他们受益良多。
他们重视父母以外的成人的影响。
开始对异性感兴趣，会尝试亲密的举动。

情感、情绪上的特点如下：
为了合群，常常掩饰自己真实的情感。
相互交流感受对他们大有益处。
为做决定而犹豫不决。
与其他任何阶段相比，更容易撒谎。
可能会看重感官刺激，而轻视坚持和实践的作用。

### 第二个阶段：12—14岁

12—14岁的青少年的特点是好奇、易怒、情绪不稳定。

这个阶段的青少年的生活焦点是寻求自我，成人在这个时候要肯定孩子开始显露的长处。

在关键的行动上，要多多地鼓励，每天对他们说些鼓励的话，开车带他们去一些想去的地方。和孩子在车里闲聊的时候，我们要想到，等到将来孩子会自己开车了，这样的环境与机会就少了。

和孩子一起制定一套规矩。一套条款清晰、得到他认可的规则，会帮助我们成为一名办事公正的权威人士。

在尊重的前提下，要密切关注孩子的行踪。

同时，依然要在尊重的前提下，用数码设备和孩子保持联系。

经常和孩子待在一起，不过适当地留给孩子一些空间。

### 第三个阶段：14—15 岁

14—15 岁的青少年的特点是合群、冲动、喜欢寻根问底。

这个阶段叫作"我究竟属于哪里"阶段。这时期的孩子往往特别喜欢研究哲学。爱因斯坦就是在这个年龄段接触了康德的哲学。

青少年的生活焦点逐渐变成了朋友。父母的作用是了解孩子的圈子，可以引用自己身边的例子给孩子讲，交朋友是需要技能的。这个技能不是指讨好别人，而是告诉孩子，到底什么才是真正的朋友，给孩子真正的宽容、真正的关心，结合自身的经验和孩子进行讨论。

父母拥有否决权，但在行使否决权的时候要慎重。必要的话，要及时运用否决权，把消极影响消灭在萌芽阶段。在美国，孩子想深夜外出，可能会对父母说："能不能把车借给我开一下？我已经会开车了。"但如果父母发现孩子有可能在外面瞎混，就要果断地制止。

给孩子希望，不管这一年发生什么，他们自身的价值都不会因此改变，他们的未来也不会因此定格。

扩大圈子，邀请其他信赖的成人，抽出时间陪伴他们。

这个年龄的孩子会像哲学家一样思考，父母可以多问孩子问题，追寻自由是他们的行为动机，父母要尽可能地让孩子自由选择。

人际关系的部分特点如下：

女孩子开始经常化妆。

恋爱关系往往是昙花一现。

一些家长特别有意思，一看到孩子跟异性接触比较频繁，就很紧张，担心孩子是不是谈恋爱了，就开始找对方的家长谈、找老师谈，把他们分开、转学、调到隔壁班。这就像高压锅一样，父母给孩子的压力越大，两个人反而被压得越紧。实际上，父母只要稍微轻松一点，告诉孩子底线在哪儿，给孩子足够的自由空间就好。没有外部的压力，高压锅里的东西是没法煮熟的，生米很难煮成熟饭。

情绪、情感的特点如下：
选择会让孩子觉得更有信心，而不是制定规则。
可能仍然对自己处于变化中的身体感到不安。
需要别人的帮助来应对极端的情绪。
动机方面可能会经历变化。
寻求刺激的情感经历。
容易迷恋自我伤害、酗酒、色情信息等。

### 第四个阶段：15—16岁

15—16岁的青少年的特点是叛逆、冒险、勇于尝试。

这个阶段的孩子最常说的话是："为什么别人都可以，就我不行？"

青少年在这个阶段追寻的焦点是自由，成人的作用是帮助孩子树立价值观，关键时刻获得其他成人的帮助，创造机会，让他们接触能帮他们建立正确价值观的成人。

其实有些电影作品是不错的，让孩子看到好的电影作品是个不错的选择。

另外，主动出击，即使他们把我们从身边推开，也要争取他们的信任。可以给他们写卡片，给他们发信息，出其不意地带他们出去吃午饭，腾出时间陪他们一起高高兴兴地玩。

始终如一，帮他们建立明确的规则，对他们说明父母的期待，以及违规的后果。言行要始终一致，防范是关键。

跟他们谈论情感问题，不管是否开始谈恋爱，孩子肯定有关于恋爱的观点。给他们机会，让他们在一个没有压力的情境下和父母谈论一下恋爱观。或者如果你的孩子没有恋爱，却关注到了自己视线里的别人在谈恋爱，让孩子对你"八卦"一下，讲一讲这些事情。

寻找冒险的机会，不要限制他们的经历，相反，设法寻找机会鼓励他们去体验，让他们置身于充满挑战的情形当中，这样才能激发他们的潜能。

我有一个朋友，他的孩子高二的时候说："我打算骑自行车去台湾环岛转一圈。"朋友说："我陪你一块儿去。"高考完了以后，爸爸就带着儿子跑到台湾环岛骑了一圈。下一次儿子说："我想骑自行车去西藏。"朋友还是说："我陪你一块儿去。"后来两个人锻炼身体，就从深圳骑自行车去西藏，孩子成长得非常健康。他觉得爸爸是他的战友，可以一起冒险，一起做很多刺激的事。

这个年龄段的孩子也有可能会抑郁，15—16岁是青少年自杀事件的高发时期。他们还渴望获得自由、尊重，希望担当重任，喜欢与愿意聆听自己想法的成年人交谈。

有一个电影叫作《心灵捕手》，里面的男主人公完全不相信成人的世界，因为他从小在暴力的环境之下长大。后来遇到"大胡子导师"，导师非常有耐心，主要做的事就是倾听，慢慢地把男主人公的数学天赋发掘了出来。

情绪、情感的特点如下：
自主选择会让孩子觉得更有信心，而不是规则。
很在意别人对自己具体的赞扬。
开始意识到自己的个人倾向以及行为方式。
需要别人的帮助来应对极端的情绪。
寻求刺激的情感经历。

## 第五个阶段：16—17岁

16—17岁的青少年的特点是标新立异、理想化、想法不切实际。

这个阶段的青少年，思考的是自己如何变得更重要。他们想卓尔不群，成年人的作用就是帮助孩子培养他们的才能。

这是充满压力的阶段，因为很快他们就要面对高考，成年人关键的行动是识别他们独特的才能和性格特征，把他们的潜能激发出来。可以让其他的成年人参与进来，邀请一些值得信任的成年人一起来帮助孩子。

在发现他们有消极行为的时候告诉他们："你现在的所作所为可不像你自己。"通过指出孩子的行为，扭转他们的价值观来劝阻他们的消极行为。

不要扼杀他们的梦想，即使他们的想法看起来不现实，家长也要明白他们是在追寻自己的梦想。

父母的职责已经变了，要明白自己的角色，已经从空中交通管制员变成教练了。

心理特点如下：

喜欢洞察一些复杂的问题。

喜欢冒险和耸人听闻的经历。

有投机的心理和理想化的倾向。

很难做长远的打算。比如，有的高中生，在这段时间特别爱问："我能不能不上大学，去干点别的？"他们希望能够越过某些步骤。

智力不断地发展，能理解似是而非、夸张、含沙射影、讽刺的说话方式。

在人际关系上，更关心控制、责任、自由之类的问题，倾向于以自我为中心，整天忙忙碌碌见不到人。父母不知道孩子去哪儿，不知道孩子忙些什么。

情绪情感的特点如下：

把幽默看作积极沟通的一面。

对"我是谁"这个问题，不再像以前那么纠结，可能变得比前几个阶段更加诚实。也就是说，他们不像之前那么爱说谎了。说谎是有阶段的，之前说谎是因为他们不知道怎么办，不知道正确的方法是什么。到了17岁以后，他们慢慢地就学会了怎么跟大人坦诚地讨论问题，就不需要说那么多谎话了。

常常高估自己的能力。

可能很难调整控制自己的情绪。

### 第六个阶段：17—18岁

这是即将放手之前，孩子要参加高考的时刻，这阶段的青少年的主题是"我将来做什么"。青少年生活的焦点是毕业，也就是离开高中进入大学。成人要做的是关注他们的选择。

对于这个年龄的青少年来说，没有什么比"你能做任何事"更令他们欢欣鼓舞的，没有什么比"你没有选择"更令人沮丧的，而这个年龄的青少年，大多介于两者之间。

父母要采取的关键行动如下：

让孩子平静下来，告诉他们没有必要现在就弄明白整个人生。

关注孩子的"蹒跚学步",帮助他们确定最初要走哪几步。

与孩子讨论事业方面的兴趣,帮助他们调查、测试这些兴趣。

可以送孩子去看一看好的公司,让他们去看一看别人是怎么经营的。

不要急于帮助孩子摆脱困境,让他们学会应对困境,改正所犯的错误,这能让他们为将来做好准备。

孩子即将享有前所未有的自由,找个合适的时机,移交那份自由,让他们学会自己做主,不过要在他们自己处理很吃力的方面,继续给他们提建议。

心理特点如下:
可能会过于浪漫或者极端化,把情形看得过分严重。
对时事以及社会问题很敏感。
能够解决复杂、步骤繁多的问题。

人际关系的部分特点如下:
很少有空待在家里边。
个人决定方面,想要自己做主。
能够尊重别人的意见并且能够妥协。
和成人待在一起的时候,感觉更自在了。

情绪、情感特点如下:
情绪更稳定,但是仍然需要父母的支持和照顾。
通常在某一个特别感兴趣的领域做得很好。
看重自己的坦诚。
个人兴趣方面,常常会有创造性的想法。

以上是《解码青春期:如何陪伴十几岁孩子成长》里核心的内容,读了这本书我才发现,青春期不能说得太笼统。父母要了解孩子在青春期每个阶段的特征,这是非常有必要的。

## 常见的挑战和应对策略

怎么和孩子一起应对一些常见的挑战？

首先是人际关系和交流方面的挑战。

父母与孩子讨论问题，如果交流变得很困难，孩子经常会着急、会发飙，说"你们根本就不了解我，你们根本就不懂我"，或者会经常说"我没错"，这时候的父母所需要学会的最重要的技能是倾听。

如果父母不懂得倾听，孩子永远不会跟父母讲出自己的心里话。因为他的情绪无处安放，倾听最重要的作用是让他的情绪平缓。

有的孩子在跟别人交往的过程当中，不知道做错了什么，为什么会给别人带来伤害，我们可以帮孩子做以下五件事情：

第一，要教孩子学会体谅他人。

教孩子学会体谅他人的方法是提问。要问他们：到底发生了什么？你认为对方为什么会生气？你认为他们有理由生气吗？如果换作是你，你有什么感觉？

父母用提问的方法能帮助孩子培养换位思考的能力，孩子才能够对别人所受到的伤害感同身受。

第二，要鼓励孩子做自我评估。

可以问问孩子：

事情已经过去了，你也冲动了。我们回头看，你还希望自己那样做吗？或者如果让我们再重演一下这件事的话，有没有什么不同的选择？

这就是帮助孩子进行自我评价和事后评估。

第三，促进孩子走向成熟，帮助他们迈出第一步。

告诉他们和他人关系出现问题的时候，能够道歉，是成熟的表现。

第四，帮助孩子学会补救。

做了错误的事要懂得去补救，甚至父母要带着孩子一起上门，去看望那个被伤害的人，以此进行补救。

第五，劝说孩子学会顺其自然，不要期望他人一定会接受自己的道歉。

因为有时候矛盾深了留下一道伤疤是很正常的，这是人际关系中常见的情况。

青春期经常会出现这样的状况：孩子辜负了你的信任，偷了你的钱，或者用手机突然花了很多钱，去买很多不知所谓的东西。

而父母询问时，孩子经常抵赖不承认。出现这种状况有两个原因：其一有可能是出于自我保护，因为害怕而抵赖；其二有可能是因为孩子在乎父母，怕失去父母，或者怕被父母瞧不起、被骂，所以不敢说真话。

那么应该怎么办呢？书里给出了建议。

第一，改变看法，也许这是一件好事。

说不定孩子犯了这个小错，避免了将来犯更大的错。这是让问题提前暴露出来，以防止后来出现更加不可收拾的状况。父母可以换一种思维方式，从积极的角度来理解这件事情。

第二，努力地平息怒气、失望和恐惧，只有先让这些情绪平缓下来，再来处理这个问题才会更有效。

第三，向孩子展示父母脆弱的一面，而不是批评孩子。可以告诉孩子："我之所以这么担心，是因为如果这样，接下来可能会发生的状况是……"要把后果告诉孩子，告诉孩子自己最担心的事情是什么，讲出那种毁灭性的失败。当说了这样的话后，父母展示的就是自己脆弱的一面。

孩子所做的这些危险的行为，令父母展示了脆弱的一面，这时候，孩子成为和父母共同解决这个问题的人——不再是问题的一部分，而成为解决问题的一部分。

第四，问问孩子："你认为接下来会发生什么？我们如何才能弥补这件事？"父母要和孩子一起弥补。

第五，教孩子通过多交流来获取父母的信任。

和青春期的孩子多解释、多交流，是父母在告诉孩子——他们生命中最重要的人："我想让你重新信任我。"

因为父母是孩子生命中最重要的人，如果失去了来自父母的信任，将是一个孩子一生的损失和伤痛，只有通过多交流来弥补过去做的错事，父母才能解决这个问题。

第六，问孩子："从这件事当中我们学到了什么？"

在孩子令父母失望的时候，父母可以做的事情：要和青春期的孩子一起建立成文的、明确的家规。

第一，要在心平气和，而不是争吵的时候讨论家规。

建立家规，最好营造一个良好的氛围，比如家人在一起聚餐、聊天很开心的时候和孩子讨论。一家人一起讨论一些规矩，这些规矩能够帮助这个家，免得家庭以后有矛盾，以后可以按规矩来办事。

第二，家规必须写出来。

家规不应该是一时兴起的，家长不可以把自己随便说的话当成家规。

第三，父母得故意去促成此事。

父母在制定家规的时候，可以问问孩子想要的权利是什么。家规不是惩罚，而是对所有人的约束。孩子对父母有哪些要求，都可以提出来。

定好规矩，也要有惩罚措施，把家规拟成文，并且让所有相关的家庭成员都在上面签名。家里的成员都要签名，如果违反了规定要坚决执行惩罚措施。

父母要改善自己和孩子的交流方式。

书里推荐了这样一个方法：和孩子的笔记本交流。

找一个漂亮的笔记本，上面写上想给孩子写的话，每天睡觉前写一段话，放到孩子的床头。第二天早上整理床铺的时候，拿过来看看孩子有没有留言，你们可以通过这个笔记本进行交流。这会成为家里的一个宝贵的仪式和财富。

关于性的话题、关于死亡的话题，都是孩子在这个阶段特别容易困惑的。如果孩子表露了这方面的困惑，父母要保证自己能够随叫随到。父母得成为孩子的坚强后盾，出现了问题一定要在现场。有时候父母还需要专门跟孩子讨论这个话题，帮孩子建立正确的关于性的观念和关于死亡的观念。

父母还要留意，如果孩子青春期的时候出现了什么状况，会有危险的七个信号：

第一，孩子的睡眠状况突然出现了明显的变化，睡不着觉。

第二，吃饭习惯突然出现了明显的变化。

比如说突然饭量大增，或者突然吃不下饭。有的女孩子到了青春期以后吃不下饭，持续下去就会得厌食症，身体就变得越来越瘦。

第三，注意力突然变得难以集中。

抑郁会导致注意力不集中，如果孩子出现了抑郁，很容易做什么都不投入，效率变得极其低下。

第四，考试分数突然下降。

第五，易怒，比往常更加容易发怒。

第六，日常生活方面发生快速变化。比如孩子每天上学的路线，或者每天做的事跟以往相比突然之间发生了巨变。

第七，社交圈的快速变化。生活中出现了很多奇奇怪怪的人。

青春期的孩子容易患上饮食失调症。

如果孩子不愿意吃饭，越来越瘦，身体不健康，这时候父母能够做什么呢？

父母要理解，是孩子的自卑感导致了他们把自己的形象看得特别重要。所以父母需给予孩子更多的认可，让他们在生活中其他的层面获得更多的认可，他们才能够对自己更加自信，才不至于去虐待自己的身体。

另外，要和电视上的那些言论进行辩论。如果父母发现，电视上在不断地强调什么才是美，父母要在旁边告诉孩子这是不对的，不一定要相信这个，有些美并不健康，等等。

青春期的孩子还有可能讨论关于色情的问题。

我们要让孩子明白，互相发一些不堪入目的东西的时候，并不会让别人真正喜欢上他们，这都是一时冲动，别人不会真的因为这个喜欢上他们。然后直截了当地告诉孩子，绝对不允许拍自己裸照，更不许发送给别人。

如果双方自愿发送这类信息，并且已经收发，父母需要见机行事。最好是找对方的家长谈一谈这件事情。

如果双方发的信息惹出了麻烦，那么父母要准备好换位倾听，准备好帮助孩子度过这个艰难的时期，必要的时候可以寻求专业的帮助。让孩子明白，这些东西，不能够在网上更多地流传，等等。

孩子在青春期如果心理不健康，出现自残的状况，父母要首先了解孩子的自残来自内心的羞耻感。父母需要了解，他们的羞耻感到底是如何产生的，怎样让他们感受到爱。你们了解自残的生理动机吗？

当孩子觉得生活的所有的事情都是重重压力，压在身上很麻木、很无助、很痛苦、无处发泄时，可能只有疼痛才能够让他们觉得自己还是一个活着的人，这就是自残的生理动机。

如果孩子出现这样的状况，很大原因是太缺乏爱了。父母必须得给孩子足够的关爱，同时要检查家庭环境，把那些能够带来危险的物品放到孩子找不到的地方，营造一个安全的空间和环境等。

如果孩子整天沉迷在网络当中，喜欢手机、电视，喜欢上网，父母要知道，缓解焦虑最可靠、最持续的方法是陪孩子一起享受没有屏幕干扰的时光。

可以安排一些大家一起出去的活动，走到自然界中，去骑马、去爬山、去划船……这会让孩子感受到那些完全不同的快乐。

鼓励孩子拔掉电源插头，和孩子一起做一些事情，能够减少科技产品对孩子时间占用的问题。

有些青春期的孩子可能会面临网络欺凌，针对这样的孩子，父母要让其意识到，一个人在网上发的所有的东西就是自己的公开简历。千万不要以为有一个密码，别人就看不到，在网上发的东西也是透明的。一个人的价值观，就是这样呈现在网上的，而且这些信息在过了很多年之后，都会紧紧地跟随着这个人，将来总有一天也会被人发现。这是让孩子理解，网络不是私属领地，是公开场合。

教给孩子一个准则——"祖母批准过滤器"。

我每次在网上发表一个言论、发一个朋友圈、发一条微博的时候，如果拿不准这个东西能不能发,我会问自己,如果是祖母看到我发这个,她会不会让我发?

我觉得这个方法对我个人来说很有用。我每次会想,我妈妈看到这些内容会不会认可,假如我妈看到了觉得这些内容能发,我认为这就是符合我内心标准的。一个人要学会给自己定一个相对严格的标准。

我们要教孩子在发帖之前思考三个问题:这是真的吗?这是出于善意吗?这是必须的吗?

这如同我们中国人的传统,在说一句话之前问自己三个问题:我说的是真话吗?我说的内容是不是出于善意?我说这个话有没有用?有了过滤器,惹祸的概率就会小很多。

当孩子面临网上欺凌的时候,父母不能对发生的事情轻描淡写,更不能一味地责备孩子,要帮助孩子明白,网络恶霸们想得到什么。网络恶霸们其实就是希望我们痛苦,希望我们崩溃,希望我们求饶。我们要教孩子如何屏蔽这些坏人,阻断他们、隔绝他们。

我们还要教孩子明白哪些声音要调高,哪些声音要调低。这很重要,因为在一个人的青少年时期,身边围绕着很多价值观不清晰的人,或许有的人就是学校的"小霸王",人在年轻的时候往往很在意这样的人说的话,因为他们是校园里边最"拉风"的人。他们说的话,有可能让孩子觉得压力很大。

实际上,父母要告诉孩子的是,要调低这些人的声音。因为他们可能也只是孩子,懵懵懂懂的,根本不知道什么是对,什么是错。一个孩子应该调高音量的声音是来自父母、来自老师、来自主流社会的声音。

如果孩子在学校里遇到欺凌,我们要理解关于欺凌的定义。

第一,欺凌无一例外,都是一种故意的行为,不存在偶发的欺凌,欺凌就是长期的、故意的。

第二,欺凌是一段时期内反复发生的事情。

第三,欺凌总是在双方力量不平等的情况下发生的,这种力量的差异可能是身体上的、关系上的、情感上的或者心理上的。

比如一个孩子到了一个新学校,比如一个身体有残疾的孩子到了学校,比如一个学习成绩很差的孩子在学校，都可能面对欺凌。

第四，这种力量的不平衡，大多数情况下使受害者不太可能保护自己。即使父母告诉自己的孩子"你要跟他们反抗，你要保护自己"也可能无济于事，因为如果反抗这么容易做到，孩子早就去做了。

第五，欺凌是一种以不断削弱另一个人的自信心为目的的攻击性行为。

欺凌的目标就是让被欺凌的人自我贬低，接受自己是一个笨蛋、一个弱者。

孩子在这个时候很无助，他们其实特别想知道父母会站在哪一方，很多孩子在学校里受到欺凌以后，不敢跟家长说，他们怕会受到更多的责骂，因为之前的信任没有建立起来。

《解码青春期：如何陪伴十几岁孩子成长》的作者提醒我们："当孩子说自己受到欺负时，我们千万不要对此置之不理，或许他们的天线正在搜寻传播理论家称为否定信息的东西——刻意地轻视某一描述或者描述者的信息，这种轻视的表现可能很微妙。"

比如一个成年人会说："你对他做了什么呢？你为什么不保护自己呢？"这些信息都是在挑毛病，至少孩子会这样认为。孩子已经遭受了欺凌者的贬损，不要让他们再遭受一次。在我们面前的是情绪激动的青少年，不管他们的描述是否完全符合实际，关键是这个描述是通往真相的桥梁。

父母要信任自己的孩子，尊重孩子，不要老是批评孩子。

怎么办呢？

第一，要让孩子明白，生活中出现痛苦本身是一件正常的事。

不管这个痛苦是不是来自欺凌，人的一生都会伴随着痛苦的发生，这是一个正常现象。

第二，要利用能够体现父母坚韧品质的亲身经历跟孩子沟通，教会孩子坚韧是很重要的。

第三，利用一些能够增强韧性的辅助活动，比如说带孩子去远足。你带孩子去看一些古老的教堂，告诉孩子教堂为什么能够屹立几百年，它的结构是什么样的，它是怎么承受重量的，它的地基有多么厚重……这其实都是在用价值观来激励孩子。

第四，要教会孩子哪些声音要调高，哪些声音要调低。

第五，如果出现了人身伤害的状况，父母要立即介入，当然我们从来不建议家长以暴制暴。

第六，如有必要，建议咨询专家。

孩子在青春期的时候，有的问题还可能来自学校和教育者。比如说，某个孩子遇到一个带给他苦恼的老师，父母应该怎么帮助这个孩子解决这个问题？

第一，父母可以鼓励孩子跟老师交流。老师也是正常的人，我们现在回看自己的中学老师，会觉得他们虽然有时候有一些脾气，但其实也是相当单纯的人。

所以如果有一个孩子愿意主动找某个老师谈话，讲一讲自己的苦恼，这个老师很有可能会改变对孩子的看法。

第二，要让孩子学会谦逊地接受老师的错误。如果孩子常常是一副傲慢而非谦逊的态度，就会想：老师凭什么这样对我，为什么委屈我？然后就会放大委屈的情绪。但如果孩子用谦逊的态度来看待老师对待自己的态度和方式，就会从老师所说的话和行为当中思考自己能够学到的东西是什么。父母要把自己谦逊的品德教给孩子。

第三，要用成熟的态度来看待老师。老师也会犯错，我们不要对老师有百分之百正确的要求，要能够学会交流。

这样，孩子在心灵上因老师造成严重伤害的可能性就会大幅地减少。

最后，让我们回归《解码青春期：如何陪伴十几岁孩子成长》给家长提供的三种重要的思维：青少年比你看到的更需要你；游戏规则改变了，父母要从空中交通管制员变成教练；家长也需要帮助、需要学习。掌握这些思维，就一定能够帮助孩子顺利度过青春期。

人生总有这个阶段，我听说家里的很多亲戚，甚至包括我的长辈，如叔叔、舅舅们，他们都有青春期阶段令全家人头疼的经历。

但是慢慢地过了25岁、27岁、30岁，他们就会逐渐回归家庭，成为成熟的人。

希望所有的孩子在青春期的过程中，整个家庭能够变得更加和谐和幸福，而不是天天为某件事觉得暗无天日，几乎无法生活下去了。

另外，我还要强调一点：一个孩子的成长是复杂体系，而不是一个简单体系。

复杂体系就意味着我们没法通过盯住孩子的每一个动作来解决问题，但我们可以通过所掌握青春期的三种思维和我们处在青春期的孩子相伴成长。

# 05

## 不管教的勇气："少"的智慧

我认为当人们真的想要成为好父母的时候，并不需要读太多关于亲子教养的书，很多事情都是触类旁通的。我最早读的那本《你就是孩子最好的玩具》打动了我，改变了我，我也给大家分享过。而很多父母总希望我再分享更多的养育孩子方面的书籍，接下来就跟大家分享这本《不管教的勇气——跟阿德勒学育儿》。

《不管教的勇气——跟阿德勒学育儿》的作者是岸见一郎，他是我特别喜欢的作家。他还写过另一本畅销书《被讨厌的勇气》。

岸见一郎是研究阿德勒心理学的哲学家，他写了好几本书，都是从阿德勒的哲学出发，告诉我们如何成为更好的人。

《不管教的勇气——跟阿德勒学育儿》提出了一个独特的养育理念，叫不批评也不表扬教养法。书里认为父母应该尽量放手，多给孩子空间。

很多人的共识是"表扬孩子肯定是对的"，但在岸见一郎看来，表扬也是危险的。

如何看待不同教育者的观点呢？我们兼听则明，先广泛了解，再选择适合自己的。

岸见一郎的书好看，第一是没有废话，第二是不讲深奥的理论，总能直接地戳中你的内心。《不管教的勇气——跟阿德勒学育儿》的字数并不多，每句话都值得好好看。

他非常真诚地提醒父母：只有与孩子建立良好的关系，才能有效地指导孩子。

## 父母正在把痛苦遗传给孩子

大量的家庭在教育上都在不断地重复上一代的错误。

有的父母管教孩子的方式与科学的教育思想背道而驰，在这样环境里的孩子，小时候学习困难重重，长大了事业也总遇到波折。等到有一天，他们有了孩子，可能还会将父母的错误方法原封不动地用在下一代身上。即使这样，他们也希望自己的孩子身上能发生奇迹，成为不一样的人。

为什么会这样？原因是每一个人成年以后都会反思，反思自己为什么失败。即使看起来再成功的人，他的内心中都有失败，觉得自己不够完美、不够好、不够志得意满。

这种总盯着自己不足的心态，导致人们去回顾父母的教育的时候，往往只做浅层次的总结和反思。随后轻易得到了一个最简单的结论：父母是对的！当年我要听我爸妈的就好了。父母当年要求我读书、上进、考好大学，是我自己没听话，导致今天变成了这样。所以，我现在得让孩子好好学习，他应该听我的！

人们在成年后做的浅层次的反思，会导致很多家庭的教育问题一代代地重复和延续。

事实上，如果能够稍微深入一点去反思，情况可能就好很多。比如这样想：我当初为什么不听话？我为什么不愿意满足父母的要求？我为什么不能够在当年就好好学习，珍惜每一分、每一秒？我为什么要放弃我的人生……今天的结果和我爸妈的教养方法，有没有关系？

大多数人不会深入反思，于是随处可见的是：父母总要求自己的孩子有好成绩，而且，越是小时候成绩不好的人，在对待孩子成绩这件事上越较真。他们会不停地给孩子报各种辅导班，一旦孩子成绩不好，就心如刀绞、痛苦难忍。小时候成绩好的父母，对待孩子的成绩，反而可以放松下来。

一个人说他自己小时候是学渣，整天被人欺负，后来没有上一个好的大学，生活得很艰辛，这导致他只要看到孩子成绩差，就会"想象"出一系列艰辛的状况。他唯一能做的，就是让孩子使劲学习。然而结果就是事与愿违，孩子再次走上了错误的道路，因为孩子未必比自己父母小时候更懂事。

所以，只凭着一腔热血期待孩子出奇迹，这种想法是不切实际的。

岸见一郎所提倡的不批评也不表扬教养法是如何养成的？他认为，批评和表扬都不是平等地对待孩子的方法。

我们能够理解批评是不平等的，因为指责会带来压力。但其实，表扬也是自上而下的。表扬一般发生在上级对下级之间。当父母觉得自己比孩子强很多的时候，就没办法与孩子平等对话。

无论是柔和的表扬，还是残酷的批评，都令父母无法与孩子建立良好的关系。没有良好的关系，就无法实现有效的指导。

这是《不管教的勇气——跟阿德勒学育儿》的底层逻辑。

作者的见解从何而来？来自阿德勒在约100年前的研究——教育的目的是让孩子达到自立。

自立的标准是能做到以下三点。

### 第一：能够独立地做出选择

一个人长大成人了，意味着他要有自己做选择的标准，并愿意自己去承担后果。

这句话听起来似乎很简单，但做起来太难了！很多人一辈子都无法做到这一点。

我与很多七八十岁的人对话时，很多时候能够感受到他们内心依然是个孩子。他们口中不时有埋怨的言语，抱怨社会、抱怨家人、抱怨孩子、抱怨单位……他们认为很多错误都不是自己的选择，自己是没有办法的。

实际上，任何人的人生都只有自己才能够决定，是自己选择的结果。我们必须学会能够独立地做出选择，并且为此负责。这是一个人自立的第一个标志。

岸见一郎讲到自己的一个故事：有一次，他回家跟妈妈商量能不能去参加一个同学聚会。那一刻他妈妈说了一句话，让他意识到自己长大了——他的妈妈随口说了一句"这种事情你自己决定就好了"。

他突然觉得"哇，我今天晚上不回家，我要去跟我同学玩，这种事竟然让我自己决定"。

那一刻的感觉，就是成长，岸见一郎意识到自己就是自己的主人。

### 第二：能够独立地判断自己的价值

人在什么时刻不能独立地判断自己的价值？当被赞美和批评左右的时候，很多人做事是来自反馈的。要不要做一件事，取决于社会上大部分人的评价，取决于做这些事丢脸不丢脸、别人会怎么说。大家都说好，就多做；大家都说不好，就不做。

于是，大量的选择，看起来是自己的选择，其实自己并没有进行独立的判断，并没有自主的思考。

一个人要能够独立判断自己的价值，自己心里要有杆秤。中国古代的老子就具有典型的独立人格，内心极其强大。老子认为"圣人为腹不为目"。"为腹不为目"说得多棒，就是追求内在与实际。圣人要的是吃饱、穿暖、身心舒畅，不是做给别人看的外在表现。

生活中有大量的人，都"为目不为腹"，只要外在还是光鲜亮丽的，不管内心多痛苦、难受、难熬，都可以忍。这就是缺少独立判断自己价值能力的表现。

### 第三：摆脱自我中心主义

很多人即使成年了也没长大，总觉得别人帮自己是应该的，世界要围绕着自己转……这样的人必须意识到别人没有义务帮自己，甚至连父母都没有这个义务。父母把孩子抚养到18岁，在社会规定上的义务已经完成了。接下来，他们也要过他们自己的生活。

有的人遇到了困难，自己不高兴，就希望所有人看自己的脸色，这只能代表着他们没有长大。

以上三点，我们往内心深挖一下，就会发现自己或多或少没有达到。

## 表扬与批评一样危险

如果一个人从小到大总是被父母用批评的方式教育，他很有可能会变成一个懦弱儿。

岸见一郎很肯定地说：批评无法改变孩子的行为。

我小时候，家人批评我"不许看闲书"，只准我看数学、物理、化学等课本。后来，我创办了"帆书"，还带着大家一起看"闲书"。父母越反对做的事情，到最后越发现反对不了，而且越多的批评可能会带来越大的反弹。

我们有没有见过赌博的孩子？父母对其天天打骂，甚至捆起来不让出门，最后有效吗？没有效果。深层次的心理问题没有解决的时候，批评所带来的，只是持续做错事的动力。

根据阿德勒的理论，每一个孩子从小到大的成长过程当中，都在努力地争取一件事，就是父母对自己的关注。

孩子表现出很多好的方面，父母并没有关注，也没有反应，这时候，孩子一定会想办法，找一些真的会引起他们关注的事情来做。比如赌博、玩游戏等，都是孩子去获得父母关注的手法。因为，获得父母的关注是孩子本能的需要。

批评往往不能给孩子带来真正的改变，只会让其对做受批评的事越来越坚定。

但是，表扬到底有什么问题呢？如果父母总是用表扬来驱动一个孩子做事，最后的结果很有可能是：他不再去做那些得不到表扬的事情。他衡量一件事该不该做，取决于这件事情父母会怎么看：有没有评分、有没有奖励、有没有排名……如果没有外在的激励，他就会觉得没什么动力，这就是表扬有可能会带来的恶果。

应该怎么办？

岸见一郎提醒父母们，不要对孩子的学习横加干涉，因为孩子从来都不是为父母学习的。如果一个人是为自己而学习的，失败恰恰是最好的学习机会。

父母总希望孩子在学习的过程当中不要有失败，最好能把所有的失败都跳过去。中考一定要考上，考不上就完了，丢脸。

但是中考没考上，可能只是一个警醒。孩子突然意识到：人生要为自己负责，有这样的挫败也没关系，还能够追得上，人和人的发展节奏是不一样的……这都是感悟。有的孩子就算是辍学了，绕了一大圈，依然有可能去从事学术研究。这就是人生。

父母应该让每个孩子知道的是，他的学习是他自己要做的事，失败也是学习的过程。

我曾经看到过这样的观点：青春期的孩子叛逆，大概率是因为家里有位唠叨的妈妈。有的教养问题经常与父母的问题关联出现：妈妈唠叨，孩子叛逆；爸爸打孩子，孩子抽烟；家庭中存在暴力，孩子会有"成瘾"的问题。

唠叨会让孩子叛逆。叛逆并不是指一个孩子不小心做错了事，而是他明明知道什么是对的，就是不肯做，就要对着干。

唠叨会导致孩子的自尊不断地降低，孩子承受了这样的痛苦，可能就会故意地伤害父母。

父母应该怎么做？

**第一，要愉快地接纳孩子的真实一面。**

我读完《不管教的勇气——跟阿德勒学育儿》，从中学到的经验就已经在生活中起作用了。有段时间，我觉得嘟嘟胖了，也不爱跑步，于是带着嘟嘟在小区里跑步。他跑了一会儿就说"爸爸，我受不了，太冷了，风太大"，他想哭，想要走。

我当时想，嘟嘟是个很好的孩子，能够理解和共情别人，学习也很自律，怎么就是不爱跑步呢？这是没毅力。我刚想纠正他，突然想起书里的内容，我反思自己，发现自己是在对孩子的生活和节奏横加干涉。跑步不应该成为我替他解决的课题，跑步是他需要自己面对的课题。

我就说："那你回家吧。"

等我跑完了 50 分钟，回到家里，他还有点难过地坐在那儿。

我没有去问他"今天为什么不坚持"，只是问他："身体舒服一点了没有，还难受吗？"

嘟嘟看到我回来竟然没跟他谈跑步这件事，很意外，而且听到我还很关心他的感受，主动说："爸爸，咱们下次跑步，能不能挑一个更好的时间？"

我们约定了下一次跑步的时间，他感受到了我是无条件地接纳他、爱他的，也意识到跑步是他自己要解决的问题。

每一个孩子都是无可替代的，哪怕家中有好几个孩子，也是如此。

**第二，构建良好的亲子关系。**

不要训斥，要平等地对待孩子。

有人会问孩子做对的事，不表扬吗？我在其他书里，分享过要及时反馈，表扬孩子。岸见一郎提醒的是，不表扬，而说"谢谢"。如果我们对孩子表达出谢谢，孩子立刻就能够知道，这件事做对了，并因此获得价值感。

如果说，一个孩子在地铁里边不吵不闹，父母就表扬他说："宝贝，你真了不起。你竟然能够不吵闹，太棒了。"这不令人觉得奇怪吗？这如同表扬一个人不会随地丢垃圾一样："你竟然不随地丢垃圾，真了不起。"但在地铁里保持安静和不随地丢垃圾是每个人都要遵守的秩序。

很多家长的批评或者表扬，会让孩子太在意做一件事有没有人反馈、称赞。当一个孩子在地铁里很安静时，父母可以说"谢谢你今天这么安静"，感谢他给你带来的平静的感觉。这种平等、公平的交流，会让孩子的价值感得到大幅提升。

阿德勒在《自卑与超越》中，讲到人终身所寻求的是归属感和价值感。

归属感需要爱，价值感需要感谢。

**第三，父母要敢于让孩子自己承担失败的结果。**

很多喜欢替孩子做事的家长，既不相信，也不尊重孩子。不相信孩子能够做得好，也不尊重孩子独有的选择权。

很多父母喜欢替孩子包办一切，包办小学、中学、大学的选择与安排，大学毕业以后包办工作……一路包办，直到孩子废掉。

即便孩子可能会进到一个让父母满意的、有面子的单位去工作，也可能对生活毫无热情。孩子可能会一辈子怨恨，又说不出口，因为父母替自己做了这么多的事，双方相互委屈、互相痛苦。

父母能做的事很多，而最重要、最应该做的一件事，是让孩子懂得求知之乐，让孩子开心，觉得求知有意思、好玩。

我每读完一本书，就愿意和我儿子分享。我的表达不是"你赶紧去读，这本书你必须看"，我从来不说这样的话。我只是向他表达我有多么兴奋，我读这本书的时候多么开心。他会问我："爸爸，那我能不能看？"我说："当然能看。"

他小学的时候就读《列奥纳多·达·芬奇传》，看到达·芬奇画画的那部分内容，他觉得很有意思。

有一天，嘟嘟拿过来一个玻璃瓶子，上面的字是反着的。他说："爸爸你看，这像不像达·芬奇写的字。"我当时还有点没反应过来是啥意思。"噢！"我突然想起来达·芬奇是左手写反字的。这就是他在学习，他在感受求知之乐。

如果父母真的对孩子有疑问，就要坦诚地询问，坦然讲出自己的感受，把孩子当成一个大人去沟通，说："我最近一直没有见到你学习，我有点担心。"

如果孩子说"我就是不想学"，怎么办？

岸见一郎认为，这个时候父母只有等，等孩子什么时候自己想学了，就会开始好好学习，因为人生是孩子自己的。

有人问，就这样不做事、不作为，眼看孩子走下坡路吗？

可你知道吗？很多孩子自己下滑过一段时间之后就想崛起了，可怕的做法是父母使劲地想把孩子往上提，过多的压力可能使孩子再也起不来，一辈子就这样了。

这是大量的经验和教训所得来的结论。用力太猛确实起不到更好的效果。岸见一郎认为世上不存在特别坏、想害孩子的家长，但是存在大量的"笨家长"。

父母要有勇气改变与孩子的相处方式。岸见一郎特别喜欢用"勇气"这个词：直面一件事，改变过去的互动方式，学会放手，既不表扬也不批评地公平对待孩子……都需要极大的勇气。

很多家长喜欢体罚，觉得自己是通过付出心血在教育孩子。其实体罚不是教育，体罚只是报复。潜台词是"你把我气成这样，我得报复你一下"。心里边那股火压不住，要发泄出来，这对于教育毫无意义。

在孩子犯错的时候，我们需要教会孩子正确的诉求方式。教孩子，而不是不停地指责或打骂。有的父母觉得骂自己的孩子既能给自己的内心带来优越感，还能够显示自己是特别负责任的父母。

我们发现了吗？骂孩子这个行为，居然能给有的人带来双重享受，于是，总有人不断地贬低自己的孩子。

如果大人瞧不起自己的孩子，孩子很容易就能感觉得到。孩子的内心是非常敏感细腻的，为人父母者一旦这样做，孩子很可能就不会再听父母的话，听不进去的。孩子只会每天盼望着长大，等着离家的那一刻，什么时候可以离开这个家，什么时候再也不用听父母说话。

# 不管教，孩子也能爱学习

学习是所有父母的关注点，有的孩子不会学习，下了很大的功夫，每天晚上不停地做作业，成绩就是上不来。但是如果是一个会学习的孩子，他能够轻松地把成绩搞好。

父母首先要知道，学习是必须由孩子自己解决的课题。注意：学习是孩子必须解决的课题，考上大学却不是孩子必须解决的课题。

父母常对孩子说一个巨大的谎言。在日本，有的父母会对孩子说"你考上了东京大学，就会有一个好的未来"；在中国，父母说"你考上北大，肯定有一个好的未来"；甚至还有很多父母说"你考上大学，我就再也不管着你了。考上大学，你爱咋样就咋样"。这些都是父母的权宜之计，孩子也认识不到学习是自己一辈子的事。我们要告诉孩子人生的真相，考上大学未必会有一个好未来，上过大学生活还一塌糊涂的大有人在，人必须得一生保持学习的习惯，有时候还得加上一点小小的运气，才可能有好的未来。

美好未来的定义到底是什么？如果一个人拥有了一个丰富的、细腻的、美好的灵魂，他在哪儿可能都会有好的未来。但如果没有这种灵魂，哪怕拥有再多的钱、再大的房子，内心依然是空虚的。

但很多父母只想骗孩子考上大学，孩子的学习态度会极度不端正，可能还会变成如果考不上了，就不努力了的状态。

上中学的时候，我们班有同学就说："我掐指一算，自己是考不上大学的，那就算了，不学了，开始玩。"

当一个人觉得自己没希望的时候，就容易彻底放弃。在他看来，学习是为了拿到文凭，并不是自己应尽的义务，也不是自己想具备的能力。

为什么有的孩子愿意通过作弊来获得好成绩呢？因为他们只是为了结果，至于是否收获了知识，并不重要。所以，各种各样的问题都会相应出现。

父母要让孩子感受到学习的喜悦，可以让孩子了解达·芬奇的故事。达·芬奇跟别人不一样的地方在于，他追求学习知识的纯粹快乐，某个知识对他来讲，有什么用不重要，但是不知道这个东西，对他来讲很重要。

古语有言："一物不知，儒者之耻。"——读书人要博学，即使有一件事不懂，也会以此为耻，想赶紧去弄明白。这就是纯粹求知的乐趣。

如何让孩子感受到学习的喜悦？

第一，要让孩子知道求知本身的乐趣。

有求知乐趣的孩子，善于坚持。没有求知乐趣的孩子，只要有一点风吹草动就会放弃。比如学习的时候，看到某个知识不考了，就不学了；完成作业了，就不学了；考上大学了，就不学了……这都有可能。

第二，要让孩子懂得奉献社会。

在一个孩子很小的时候，父母就应该告诉他，成为一个更好的人，并不意味着赚很多钱、开豪车。成为一个更好的人，意味着对社会有价值，能够为社会做贡献。

《自卑与超越》提醒我们，想超越自卑，唯一正确有效的方法，是把个人的价值和社会的价值融合在一起。

岸见一郎还提醒父母们，千万不要开口只谈学习。

电影《万箭穿心》里的妈妈与儿子的关系很对立，妈妈很辛苦、很勤劳，天天干很多的重体力活儿，来养活她的孩子。她跟孩子之间日常的对话只有"考得好不好，作业做完了没有"。除了这些事之外，别的一概都不会问。而她的儿子觉得妈妈除了问自己考得好不好之外，什么都不关心。

如果父母跟孩子开口闭口只谈学习这件事，会造成什么恶果？孩子没有了存在感，觉得自己是个学习工具，在家里也是无足轻重，一切都取决于自己的成绩。至于家庭氛围，庆祝不庆祝、高兴不高兴也只取决于自己的成绩好不好。

我太太跟我讲，在她高考之前，家人每天在桌上放一个苹果。这个苹果看起来是一个完整的苹果。但她只要把那个苹果一拎，苹果皮就全掉了。她上大学之前，都没有自己动手削过一个苹果。父母对她的态度就是只要考大学，别的啥事都不用干。橘子永远是剥开的，插着一根根的牙签放在那儿。她唯一需要做的事就是吃。

父母替她解决所有的生活问题，家里不用收拾、衣服不用洗。

她回忆起来那段经历，突然跟我说："我曾经为什么不喜欢学习？就是因为在我家人眼里只有学习，我所做的一切都是为学习服务的。"

当父母认为孩子只有学习这一件事的时候，孩子就失去了很多存在感。

怎么才能让孩子有存在感？

我们需要对孩子表示感谢，在其做各种贡献时：孩子陪我们散步，我们可以感谢他们；孩子做了一些家务活，我们可以感谢他们；孩子对别人说了体谅的话，我们也可以感谢他们。

要让孩子知道，他们在家里是全方位存在的人，而绝不仅仅是学习和考试的工具。

岸见一郎讲了自己的一个见闻。他听到一位母亲说自己的孩子："你怎么就是不爱学习啊……"听完他们的全部对话，令作者惊讶的是，这个孩子只是一个小学生，却每天放学后都要照顾卧病在床的祖母，简直是太了不起了！

岸见一郎当时就觉得，这位妈妈应该对孩子说一声"谢谢"。孩子都已经做了这么多成年人才应该做的事了，父母还不对他表示感谢？还要对他那么多的付出视若无睹吗？

很多父母来找我咨询时也是这样，说一大堆孩子的问题，集中在一点就是：孩子不好好学习。

我问："孩子有没有优点？"

对方说："有很多优点，但不重要，重要的是他不学习。"

父母的眼中，只盯着学习这件事，从来不对孩子做的其他事表示感谢，这时候孩子很容易丧失价值感。没有价值感就没有自控力，没有自控力就更不会好好学习。

一个孩子为什么做那么多叛逆的事，因为他要吸引父母的注意力，他发现，自己做的其他所有事情，父母都不关注，只关注学习，如果自己的学习也毫无问题了，父母就再也没有什么要和自己沟通的。随着无话可说，最后父母和孩子也就"没有关系"了。

　　这里还要戳破一个谎言，就是千万不要跟孩子讲学习是先苦后甜的。
　　学习是件持续的事，本身是有乐趣的，它不是拿艰苦来换享受的事情。
　　有人说，如果不骗孩子，就没法调动其积极性。岸见一郎提醒我们，孩子总会学习，我们唯一能做的事，只有信任、等待、感谢。
　　很多大人，过去没有机会好好学习，现在却可以认认真真地在"帆书"学习。这就说明一个人总会学习，有人学得早，有人学得晚。
　　我们需要对孩子有点耐心。有的孩子早早地爱学习，有的孩子晚一些爱学习，都没关系。
　　如果父母在其他方面做得都对，孩子是不会轻易地放弃学习的机会的，因为学习是一个人的权利，也是很快乐的一件事。
　　我们要信任孩子，要相信孩子能够独立地解决问题。因为即使父母不相信，孩子也得独立地解决问题，这是必须的。父母还要能够看到孩子有好的意图，即使是在孩子做错事的时候，因为他们可能只是希望吸引父母的注意力。这就是好的意图，孩子希望父母能给自己更多的关注。如果父母看不到这一点，就不能够对孩子发自内心地信任。
　　不信任孩子的背后是不信任人性，不信任人的生命力。
　　大部分人总有浪子回头的那一刻，孩子也一样。如果父母能早点给孩子机会，他们就可以做到这一点。

　　有的父母问："我就是很焦虑，我生气、忍不住要发脾气，怎么办呢？"
　　作者的建议是回避孩子。真的焦虑，想发作、发脾气的时候，先躲开点，冷静一下，假装什么都没有发生，出去逛一逛，等心情好了，再和孩子聊天。
　　父母可以坦率地表达自己的真实感受。比如对孩子说："这么多天来，我看你都在玩游戏，我有点担心。"这是父母的感受。
　　顺便说一句，很多父母会跟孩子说："你只要不玩游戏，你的成绩肯定就上来了。"很多老师也爱这样总结，对孩子的父母说"你的孩子只要专心点就没问题""你的孩子只要不玩游戏就没问题""你的孩子只要少打篮球就没问题""你的孩子只要不谈恋爱就没问题"。

哪有那么简单？但很多人就希望用这样简单的幻象去蒙蔽孩子。蒙蔽的结果是孩子将某件可以让其放松的事当作救命稻草。

比如因为学习的压力太大，有些孩子只能更使劲地玩游戏。他们心中有一个幻想，有最后一根救命稻草。他们想：我怎么才能够保住救命稻草，不被戳破呢？我得永远玩游戏，因为如果我真的不玩游戏了，成绩还没上来，那就真完了，人生幻灭了。

孩子的内心被父母催眠，被老师催眠，会持续地保持这件事，一直做下去。孩子觉得自己哪一天只要不做这件事，就能够变得很好。

所以，父母坦率地表达感受就好了。告诉孩子"你玩游戏不学习，我很担心，学习是你自己的事，这是你自己需要克服的课题"，这已经够了。

父母还要和孩子一起正确地面对考试，不要因为家有考生，无论是高考的考生，还是中考的考生，就变得仿佛要去打仗一样草木皆兵，有的父母甚至会为了一点点噪声去跟邻居吵架。这种特殊的照顾都是在跟孩子加强不平等的关系。孩子会把学习当成一个阶段性的事，仿佛只要这段过去了，就不需要学习了。孩子会产生巨大压力，还有可能特别憎恨学习。

也许有的父母会问："这样管孩子，是不是管得有点太少了？孩子就爱玩游戏，真的可以不插手吗？"

我们可以插手，可以跟孩子谈，比如说："我想跟你谈谈关于玩游戏的事。"如果孩子说"我不想谈"，那就下次再说。直到有一次他们说："好吧，那来谈谈。"

我们可以告诉孩子为什么我们觉得玩游戏很危险、玩游戏会带来哪些方面的问题，但是选择权依然在孩子的手里。

父母还要让孩子学会去帮助别的孩子，成绩好可以去辅导别人，体力强可以去帮忙做点劳动，要为社会做点奉献。

为什么这跟学习有关系？因为一个乐于助人的孩子，会更容易感受到自己价值的提升。

价值感的提升会增强自律性，增强自律性，孩子才有可能慢慢地不沉迷于打游戏、看小说等。

# 赋予孩子真正的勇气

父母要学会赋予孩子面对人生的勇气。

阿德勒哲学有一个重要的前提：任何人都可以做到所有事。这是阿德勒的原话。

比如，我学滑雪，如果我相信自己只要愿意学就一定能做到，我就容易成功。但是，如果我心中一直有一个想法，我不可能学会滑雪，还听过很多人滑雪从山上飞出去出事故的故事，那么我见到滑雪就会害怕。我去滑过几次，都是没滑多远就摔倒，而且还摔得很惨。

这种认为自己不会成为某一种人，或者认为自己做不到的想法，往往会伴随一个人的一生。

很多父母会在孩子很小的时候就给他们植入这样的想法，比如父母会说："你就是没有自控力，你就是管不了自己，你将来就是没出息……"孩子可能就真没有了改变自己的勇气。

父母需要赋予孩子勇气，让孩子知道任何人可以做到所有事。这是一个非常宏大的人生课题。

接受这一切，会面对巨大的压力。社会中太多的人提到天分，不同的人当然不可能天分相同，但一个人强调天分区分的时候，他的内心可以很放松，因为他可以总结：别人有赚钱的天分，我没有；别人有滑雪的天分，我没有；别人有音乐的天分，我没有……负担减轻了。他可以说，一切都没关系，反正自己没有天分，就是个普通人。

可任何人可以做到所有事，意味着：你可以，你只是不去做，你缺乏这样的勇气。

没有勇气的孩子学会了回避，会刻意做错事来回避自己必须面对的人生课题。

比如学习本来是孩子自己的人生课题，但有的孩子不好好学习，父母一干涉、一吵架，他们就叛逆。他们找到一个理由、一个借口：我为什么不学习？因为我有一对坏父母，我的父母把我变成了这样。他们借此逃避了自己人生最重要的责任。

我觉得《不管教的勇气——跟阿德勒学育儿》很启发我们的是：你要想接受阿德勒所说的真相，真的需要有勇气，也需要把勇气赋予孩子。

不得不承认，很多孩子跟父母之间是敌对的关系。比如只要父母不在家，孩子就很开心；如果父母在家，孩子就很痛苦。

我们要让孩子明白，哪怕父母是糟糕的、是错误的，他们依然能够做自己想做到的事。

父母可以做两件事来赋予孩子勇气。

第一件事是要学会把孩子的缺点当作优点来看待。比如，孩子做作业的时候注意力不集中，思维跳跃。这时候父母要想，自己的孩子善于发散性思维，不是专注型人才，而是连接型人才。

作为父母，就是要能够从孩子的缺点背后看到他们的优势，这有助于父母赋予孩子生活的勇气。

第二件事就是要做孩子的伙伴，而不是敌人。

父母要经常让孩子感到，他们对他人有帮助。孩子所做的各种事，对社会、对家庭、对父母是有贡献的，孩子会自然地觉得和父母是伙伴的关系。

比如你要让孩子帮你拿一个铲子。这时候如果你说"你去帮我拿个铲子"，这种语气就没有把孩子当伙伴，而是当成工具。孩子可能会说"我不去"。

如果你说："我需要一个伙伴，谁愿意帮我去拿把铲子？"孩子会让你立刻感受到被帮助的感觉。这就是不断地构筑伙伴关系的过程。

所以，父母应该经常性地给孩子布置一些任务和挑战，让孩子在家做一些事，为家人做一些贡献。

当两者结合，父母既能够欣赏到孩子的优点、缺点，并把缺点当作优点来看待，又能够把孩子当作伙伴来看待时，孩子就不会把父母当敌人。

孩子的学习从来不是为了别人。

千万不要让孩子为了自己的学习不好而道歉。

奥运会的选手去参加奥运会，结果没有夺冠，回来以后就道歉，表示对不起大家。岸见一郎说，参加比赛，没有得到冠军，下次再去就好了，干吗要背负这么沉重的包袱呢？

成为奥运会冠军这件事，是一件美好的事，但不能因为没有夺冠，就陷入不断的内疚与反思。

这件事跟学习是一样的，如果没有考上高中，就向全家忏悔，更无助于复读考上高中。

这时候，只需要为"下一次"好好准备就好了。

一个孩子，他是知道自己还有下一次的。他不需要为辜负别人而难过。因为辜负是道德绑架，辜负要转换为责任。

作为父母，我们只需要等待孩子的下一次。学习这件事，对孩子比对父母来说重要得多，因为父母的人生已经自己走过来了，孩子还在路上。

用内疚感来绑架孩子，希望孩子肩负全家的责任和期望是错误的。

学习是一个人自己的事。岸见一郎强调，学习的人没有特权。孩子还要不断地学会帮助别人、奉献社会。

父母怎么才能够过得快乐？

岸见一郎在做咨询的时候，遇到有的父母讲自己多么不容易，孩子多糟糕，孩子不听话，孩子叛逆……说了好多。岸见一郎知道只要说"哎呀，你们做家长也真不容易呀"，家长肯定开心，觉得心理医生很懂自己。但他不能说这样的话，因为他如果说这种话，家长会觉得自己之前做的事都是对的。实际上，一个家长有这么多的抱怨、这么多的痛苦，是他自己做错了，把所有的责任，全都揽在自己的身上。他根本无视孩子的优点，他满脑子看到的都是孩子的缺点。

父母很多时候会把孩子的事情、孩子需要承担的责任都放在自己肩上，当孩子没有做好本属于自己的事情时，父母往往会觉得自己很艰难，自己很不容易。其实，我们完全可以换一种方式思考：理解有些事是孩子自己的事情，明白这是他们该负的责任；相信孩子能够独立地成长，能够成为好人。父母只要信任孩子、爱孩子、尊重孩子，一切都会变得不一样。

如果父母真的能够理解这些，自己可以过得很轻松，就真的获得了不管教的勇气。

当我们获得了不管教的勇气，就会发现，其实我们需要做的事，就是爱孩子、尊重孩子、感谢孩子、等待孩子。这样做之后，我们自然也就轻松多了！父母会有大把的时间去过自己的生活，完成自己的追求，给孩子树立榜样，父母就是没有放弃人生的人。

很多孩子不愿意学习，很重要的原因是他们看到父母不学习，看到父母已经轻易地放弃了人生，把宝全都押在自己的身上。他们会心想：凭什么？

有的父母在楼下打麻将，却希望孩子能够去读书学习，这怎么可能呢？

父母要做的其实简单："为学日益，为道日损。损之又损，以至于无为。"到最后变成无为而治。

我们真的想做事，就会发现越简单越好，做得少一点更好。要相信孩子的生命力，每个生命都不会轻易地放弃自己。真正导致孩子放弃自己的，往往是错误的教育方法。

大人在不断地打击孩子的生命力，而不是鼓励。人生是一个慢慢长跑的过程，有点耐心，去爱孩子、尊重孩子、感谢孩子、等待孩子。简单一点，到时候会发现，你也轻松，孩子也轻松。

父母要礼貌地和孩子说话。日本人本来礼节就多，岸见一郎认为还要加强这种礼貌。请孩子做了事，比如让孩子拿了水过来，要对孩子说谢谢。

不要说伤害孩子人格的话。比如"你就是一个这样的人""你从来都不……""你根本就不会……"这种下界定的、伤害人格的话不要说。孩子好不容易通过多次互动建立了点价值感，不要因为一句打击的话砸过去让其消失。

父母还要学会从孩子身上学东西。这是强迫大人去发现孩子闪光点的方法。如果我们能够从孩子身上学到东西，那就一定能发现孩子很多的闪光点。

岸见一郎还有一句话要送给那些喜欢替孩子包办各种事的家长。他说：不通过努力获得的成功是转瞬即逝的。

不要替孩子走捷径，走捷径其实忽略了最重要的成长过程。

有的父母替孩子想办法得了一个区级作文大赛冠军。得到冠军以后，大概5分钟，兴奋、拍照、发朋友圈，这件事可能就过去了，因为它没有任何价值。这就是没有通过真正的努力而获得的成功。

要让孩子通过努力，通过自己的能力解决问题，获得成就。成长的过程只有在弯路上，只有在跌宕的过程中，孩子才能够体会到人生真的需要什么。

同样，父母也不能够替孩子做决定。父母不能够决定孩子的人生。

李中莹老师有一次跟我聊天说，每一个孩子在成长的过程当中，都会跟自己的父母有一场战争。如果孩子赢了，就是喜剧。如果父母赢了，就是悲剧。

我的家人曾经有很长一段时间努力地做我的思想工作，他们想让我到大学里边当老师，即使我有收入，他们也总觉得我没工作。这就是父母对孩子的安排，希望还能够更稳定、更容易。但是，人得有自己的生命力。

这本薄薄的《不管教的勇气——跟阿德勒学育儿》并不复杂。要想学会它，唯一需要的是勇气。没有足够的勇气，一个道理看多少遍都没用，再读几十本、上百本亲子教育的书，也没作用。

但如果拥有勇气，愿意改变、愿意尝试、愿意像我当初一样，想说的时候思考一下，忍住不说，而去表达爱，就能很快学会书里的方法——它并没有我们想象的那么难。

# 06

## 帮孩子摆脱焦虑

以前总有很多家长问我"孩子很焦虑应该怎么办",比较保险的答案是去看医生。建议看医生是永远不会出错的,但是《帮孩子摆脱焦虑:儿童抗焦虑家庭训练指南》这本书的作者的初心打动了我,她写这本心理自助书,是想让家长扮演心理医生的角色,解决孩子焦虑的问题。毕竟不是所有的家庭都有条件去看心理医生,看心理医生还可能给很多家庭带来更大的负担,让他们更加焦虑。

这本书的核心是解决孩子的焦虑问题,回答孩子焦虑的本质是什么。

作者说:"从本质上来说是这样的,为什么一个孩子无法理性地对待事物?为什么他意识不到事情根本没有他想象的那么糟糕?换句话说,为什么他认识不到自己的恐惧其实毫无根据,或者被严重放大了?在这本书中,我将尽力回答这些问题。"

大人的焦虑中饱含着非理性,而小孩子焦虑的非理性程度可能更大。如果大人只是简单地告诉孩子:你这样想是不对的,没有那么可怕;在课堂上发言没有那么吓人,你答错了也没关系……是没法帮孩子缓解焦虑的。

我们要让孩子认识到何为非理性,才能够想办法解决它。

# 识别孩子是否陷入焦虑

焦虑的信号有哪些？

明显的焦虑信号有：

1. 身体上的痛苦（颤抖、哭泣、呼吸急促、大声尖叫）

2. 逃避

3. 对焦虑的直接陈述（比如"我特别担心今天晚上睡觉的时候房子烧着了"）

4. 表达恐惧的直接提问（比如"如果你出去发生车祸怎么办？"）

5. 拒绝从事导致痛苦的活动

6. 与自己害怕的事物接触，会感到极端痛苦（比如有的孩子害怕小动物，有的孩子害怕坐飞机，有的孩子害怕在课堂上回答问题）

7. 拒绝独处或者父母某一方的缺席

不明显的焦虑信号有：

1. 黏人的行为

2. 易怒

3. 回避行为，有一些事就是绕开不做

4. 对身体疾病的抱怨

5. 一再寻求保证

6. 喜欢争辩

7. 不愿意尝试新鲜事物

8. 极端的害羞和敏感

9. 容易分心

10. 相对同龄人而言，行动迟缓，爱拖延

11. 过于谨慎，优柔寡断

12. 过于严苛和敏感

13. 入睡困难

14. 有比较强的攻击行为

平时我们看到这些信号，会觉得孩子可能性格不好，或者有点急躁。实际上，作者说这些信号背后可能隐藏着孩子内心的焦虑。

2016年美国焦虑症和抑郁症协会做过一个统计：在美国，有1/8的小孩有焦虑的情况。而且症状低龄化到什么程度呢？孩子在四五岁的时候，就开始出现焦虑状况。简单地总结：孩子会身心疲惫、意志消沉。

有些父母发现自己的孩子不是阳光开朗、健康的，他们看起来身心疲惫、意志消沉，好像心事重重。如果父母放任他们不管，认为焦虑一点儿没关系，自己小时候也会有很多烦心事，有可能会导致孩子抑郁和绝望，之后情况可能会更加严重。

当然也有慢慢地长大后情况就变好了的孩子，但是父母需要了解这个知识，适当地给予干预是一种有效的关爱。

焦虑与何有关？

第一是家族遗传，这被认为是主要的危险因素。

第二是处于焦虑状态的大脑机制，用一句话讲就是"杏仁核过度活跃"。杏仁核是产生情绪、识别情绪和调节情绪，控制学习和记忆的脑部组织。当一个人每天生活在高压之下的时候，他的大脑当中最活跃的不是前半部分的前额叶皮质（脑部的命令和控制中心，决策和自控等较高层次的思考就在这里进行），而是后半部分的杏仁核。杏仁核过度活跃的原因是长期过大的生活压力。

焦虑作用的机制有四个特点：

第一是时缺时圆，状态一会儿好，一会儿不好，起起落落。

第二是倾向于把安全的环境解释为危险的环境。某些事本身没有那么严

重，比如说出门坐飞机，但是焦虑的人会紧张，不敢去坐飞机。

第三是无法从经验中学习。我们觉得焦虑是过于担心，随着慢慢平静下来，慢慢就会好了。但事实上一个人如果已经进入了焦虑的状况，焦虑的症状只会让他更加焦虑，而不会让他慢慢好起来，这时候他需要的是帮助和干预。

第四是就像打地鼠游戏——焦虑以别的方式突然出现，从而取代之前的那一种。这令父母也非常沮丧。

在进行心理帮助之前，一定要做一个简单的诊断。我们可以评估一下自家孩子的焦虑状况。

你的孩子是否有以下行为：

1. 反复问一些"如果……会怎么样？"的问题，即使你反复给予确认和安抚，他仍然会非常担心。

2. 拒绝一个人在自己的房间里睡觉。如果要求他一个人睡，他会表现得痛苦和不安。

3. 回避一些特定的情境，如电影院、饭馆、嘈杂的地方或公园等。

4. 拒绝吃多种食物，只吃自己喜欢的几样食物。

5. 不断重复某些行为以减轻自己的痛苦。

6. 要求你以特定的方式说某些话或者以特定的方式做某些事。

7. 担心作业出错或者忘记做作业，以至于频繁检查；要求父母反复确认自己的作业令人满意，或者反复检查自己的书包、每日计划等。

8. 即使自己有能力完成，仍然会在学业或其他任务上过度拖延。

9. 在做决定的时候表现出极大的困难，并且担心每一个决定是不是"正确的"或者"最好的"。

10. 担心自己在学习或者体育运动中表现出任何不完美。

11. 因为将来有可能会用到或者认为有某些情感价值而拒绝扔掉不必要的东西（比如把小时候的一个小玩具一直保留很多很多年）。

12. 在和父母分别的时候表现得十分痛苦，拒绝和保姆或其他照顾他的人待在一起，拒绝在没有父母陪伴的情况下过夜。

13. 对细菌、疾病或灰尘感到恐惧，以至于拒绝使用公共卫生间、购物车、门把手。过度洗手或者过度使用洗手液。

14. 拒绝去学校。

15. 拒绝上课举手或者在同学面前发言。

16. 表现出极度的害羞，甚至阻碍正常的社会交往。

17. 表现出与焦虑相关的生理反应，比如颤抖、大声呼吸、感到恶心或者头晕眼花。

18. 表现出过度或不恰当的内疚和责任感。

以上就是孩子常见的焦虑行为。对于以上问题，如果你的回答中出现了多个"是"，那么你的孩子很有可能已经出现了焦虑的症状。

作者是心理医生，对孩子的这些病症比较敏感，我个人的态度是我们家长也不用过度地担心和夸大，因为小孩子在成长的过程当中难免会出现一些问题。人生就像骑自行车一样，并不是一直平衡地往前走，自行车也会摆动着向前。所以孩子的成长过程中出现一些小小的偏差，问题不大，但如果它给孩子的生活造成了困扰，那么就需要我们比较认真地对待了。

# 治疗焦虑常备的工具箱

这本书所用到的治疗方法，是被科学实验证明过的 CBT 疗法（Cognitive Behavior Therapy，认知行为疗法）。根据作者的经验，这种疗法的治疗有效率在 70% 以上。

CBT 疗法的主要方式是暴露疗法，指让孩子循序渐进地接触诱发焦虑因素的同时克制自己，并逐渐感受、觉察、面对、习惯和克服焦虑情绪和焦虑源的治疗方式。

我们要在家里准备一个治疗焦虑的工具箱，里面是一些思想上的治疗工具。

### 第一个工具："恐惧计分表"

当孩子说"我很害怕，我特别担心"的时候，让孩子根据自己的恐惧程度，在恐惧计分表上打分。

大家千万不要小看这件事，打分这么一个动作就是"觉知"。为了打分，我们得停下来观察一下痛苦的程度，如果满分 10 分，你打了 9 分，或者 8 分、7 分，就说明痛苦程度很高了。

很多时候，只要我们一问恐惧计分表，其实问题就基本解决了。像我每次跑完步，跟教练说我腿很酸，教练说："如果满分 10 分的话，你打几分？"我就开始关注自己的酸痛情况，说："6 分或 7 分吧。"教练说："那你觉得怎么恢复？"我说："我按摩按摩可能就好了吧。"

有了觉知以后，你自己掌控它，就不会把它甩给别人。而且有了觉知，相当于我们已经开始疗愈。

### 第二个工具："焦虑山"

产生焦虑的过程像一座山的形状，这是焦虑在我们身上表现的图像——焦虑山。

所有焦虑来的时候都气势汹汹。比如说，高铁上不能抽烟，有些人烟瘾犯了，抓心挠肺，特别想抽烟，在最想抽烟的那一刻，他们的渴求感就一下到达了顶峰。但是渴求感到达顶峰以后是什么样子呢？是这一站没能抽成烟，渴求感逐渐消减。这也是焦虑的特点：当出现了一个巨大焦虑的时候，那座"山"迎面而来，出现一个高坡。但是你要让孩子知道，等这个高坡过去，焦虑的感觉就下去了。你可以问问孩子：现在"爬"到什么地方，现在开始"下坡"了没有？

### 第三个工具："糖果罐"

让孩子想象一个糖果罐，糖果罐里有红的糖果和绿的糖果。红的糖果代表那些让孩子更焦虑的内容。红糖果太多了，代表着孩子更焦虑了。

那么我们进行治疗的目的，就是让孩子往糖果罐里增加更多的绿色糖果。绿色糖果代表罐子里很安静、很温馨。

罐子里的绿色糖果变得越来越多后，孩子会越来越淡定。

### 第四个工具："焦虑绰号"

把焦虑对象化。比如，你觉得自己很焦虑，这就代表着焦虑是你的一部分，焦虑掌控了你。但是如果我们能够把焦虑抽出来，变成一个具象化的对象，它就可以被处理了。

比如说"焦虑虫"又来了。当你认为焦虑虫又来了的时候，你是自由的、健康的，只是焦虑虫在跟你不断地唠叨，这就是给焦虑起绰号的好处。

比如一个孩子总洗手，总觉得手不干净，他怕细菌，就可以给细菌起个名字——"细菌虫"；他到学校去，遭遇同学们嘲笑，就可以心里叫他们"嘲笑鬼"。

当我们脑海中有这么一个声音在跟自己唠叨的时候，我们就有了对付它的可能性，把它从自己身上剥离出来，让它对象化、具体化。

### 第五个工具：奖励

父母可以建立一个奖励机制。有人说"樊老师，你不是一直说不要给孩子奖励和贿赂吗？"奖励机制并非贿赂，因为它跟我们日常常规的奖励方式是不一样的。

作者写道："你需要明白的一点是，整个治疗过程对孩子来说是很辛苦的（这是一件不容易的事），因此，奖励制度必须事先计划好。不要把它当作事后补偿，或者鼓励孩子合作的最后努力。如果孩子一开始拒绝参与治疗，而你在孩子抗拒治疗后再提出奖励机制，那么奖励看起来就变成了贿赂。相反的是，你需要以实事求是的态度对待奖励。"

有的父母不愿意轻易拿出奖励，要先看孩子是否同意自己，如果孩子不同意，再拿出一个奖励来，这就变成了贿赂，奖励的性质就变了。

现在要面对一个艰难的治疗，父母应该知道这个过程当中孩子可能会打退堂鼓，可能会感觉不舒服。事先就和孩子说好"到了什么程度给予什么奖励，我们一起来攻克一座难关"，这就好像是世界杯的比赛，打到什么样的级别，能有什么样的奖金，这是早就定好的，而不是"见人下菜碟"。这样的奖励机制是能够帮助孩子坚持下去的一个动力。

### 第六个工具："智慧对话"

父母跟孩子谈话的过程当中要用到智慧对话的方法，这也是CBT的核心精髓。以上这些都是帮助孩子具象化地去思考焦虑这件事的工具。

治疗焦虑的过程是怎样的呢？

第一步，要识别诱因和确定恐惧。

所有的焦虑都不是凭空来的，焦虑一定有一个诱因，我们要搞清楚是什么东西诱发了焦虑。那我们怎么观察呢？要去观察孩子的诱发情境，他们在什么状况下会出现焦虑现象。这是识别诱发情境到底是什么。

第二步，开始监测。

监测日期、情境、我们观察到的孩子的表现、我们的反应，以及恐惧计分表（包括父母和孩子的恐惧计分表）。

坚持记录一周，注意要写事实，不要写评价，也不要写观点。

比如"我觉得孩子这周表现得不错",这种话不是事实。事实是:"今天他出门上校车之前磨蹭了15分钟,最后我不得不把他抱出去,他哭着,但我还是把他送上了校车。"这才是事实。

监测的好处就是在做监测的过程当中,我们能够对检测的事情有更加清晰和深刻的认识。

第三步,用"向下箭头法"寻找根源。

向下箭头法是很多心理医生常用的一个方法。它的核心是提出一系列的"如果……会……"的问题。我们中国有一个成语叫作"抽丝剥茧",讲的就是这个道理。

比如:

情境:在超市购物的时候接触购物车(一旦让孩子推购物车,孩子就害怕)。

在这一情境中会发生什么呢?购物车上都是其他人留下的细菌。

父母:购物车上有别人留下的细菌会怎么样呢?

孩子:我会因此感冒或者得流感。

父母:如果感冒或者得流感会怎么样呢?

孩子:我会感觉不舒服,还会鼻塞。

父母:如果感觉不舒服、鼻塞会怎么样呢?

孩子:我会在晚上呼吸困难。

父母:如果在晚上呼吸困难会怎么样呢?

孩子:我可能会在梦中死掉。

还可以叫它"剥洋葱法"。一层一层地剥下去,看看孩子内心当中最恐惧的内核到底是什么,找到他们逃避的点,这才能够为后边的治疗做好准备。这叫作"识别诱因和确定恐惧的内核"。

## 不助长焦虑，学会智慧对话

家长和孩子两者，都得停止助长焦虑。

助长焦虑的行为在现实生活当中很常见。比如孩子特别怕小狗，很多父母的方法就是一见到狗就把孩子抱起来，或一见到狗就把狗赶走。

但是想想将来孩子长大，不会生活在一个没有狗的世界里边。而且狗也有帮助我们疗愈自身的功能，狗也能带来很多的安慰，是人类的朋友。

如果父母简单地用这样的方法来保护孩子，这就是一个典型的逃避行为，是父母的迁就行为。

我们用这样的方法并不能够帮助孩子减缓焦虑，反而会助长孩子的焦虑。并且，孩子不但自己焦虑，还会焦虑于父母对这件事的焦虑，结果就是双重焦虑压身。这就叫作助长焦虑的行为，我们要停止它。

怕狗这件事里就有典型的父母迁就行为。父母迁就孩子有两类行为：一类叫逃避行为，一类叫安全行为。

逃避行为就是孩子说"我不做了，我永远绕开这件事"；安全行为就是孩子做一些防护手段，不断地提问，不断地要求，比如见到小狗之前，不断地提"你要保护我""你要小心"这种准备性的要求。

首先父母要发现自己的迁就行为，之后可以跟孩子谈，比如说："如果有小狗来了，妈妈不把你抱起来，你的恐惧计分表上会打几分？"让孩子去感受自己内心的恐惧计分表上会有什么样的分数。

然后父母再改变行为，鼓励孩子使用前面讲到的工具（恐惧计分表、焦虑山、糖果罐、智慧对话），让孩子始终如一地坚持下去。

还可以富有创造性地想一些别的方法，比如经常给孩子制造一些惊喜，用一些新的手段，让孩子再往前走一步。

注意要拒绝争论和讲道理。有个心理医生告诉我，如果父母特别喜欢跟5岁以前的孩子讲道理，讲道理本身就会让孩子更加焦虑。孩子理解不了那么多的道理，只能够理解自己的感受，最多给自己的感受打个分，努力获得一个奖励。孩子很难理解大人说的那么多的复杂道理。

还可以发挥团队的力量。团队力量就代表着不只有妈妈，还有爸爸、爷爷、奶奶、阿姨。周围的人，大家都可以帮忙。遇到艰难的状况，可以稍事休息。不要太严苛，稍事休息，给孩子喘口气，让孩子能够感受到爱和舒缓。把握好一个总体的原则，不要给孩子造成伤害。

有的父母为了锻炼孩子，直接把孩子扔在沙漠上，说"你得跟我走沙漠"；或者直接把孩子暴露在一只大狼狗面前，这太吓人了。我们不要给孩子带来心理伤害，可以一点点地改变，慢慢来。

我们也要停止孩子助长焦虑的行为。《帮孩子摆脱焦虑：儿童抗焦虑家庭训练指南》这本书里边有一个孩子常见的逃避行为和安全行为的列表。

儿童常见的逃避行为和安全行为包括哪些？

1. 逃避：明显，或不明显，包括制订计划去避免某些特定的情境。

2. 反复确认：问父母问题，上网搜索，或采取其他措施来确保可能出现的后果不会出现。

3. 分心战术：看电视、看书、关注令人愉快的事情。（我见过有的孩子焦虑起来就想打游戏，其实他们可能并不爱打游戏，他们是在通过打游戏逃避焦虑。）

4. 检查行为：明显，或不明显，包括在头脑中做的思维上的检查。

5. 离开或逃避诱发恐惧的情境。

6. 只吃少量认为安全的食物。

7. 在感到焦虑或痛苦时使用手机打电话或者发短信给父母。

8. 使用手机或电脑来避免社交接触或者转移注意力。

9. 焦虑时坐着或者躺着。

10. 有各种各样的仪式行为。

这些就是孩子常见的逃避行为和安全行为的表现。

我们要鼓励孩子用恐惧计分表把它们记录下来，觉知自己的焦虑状况大概是多少分。然后制订一个计划，我们只要想办法每周消除一个行为就好。每周消除一个行为就有一个奖励，然后使用奖励的计划。

关键要学会智慧对话。

智慧对话解决的是错误认知的问题。

不管是成年人也好，孩子也好，都会有很多的错误认知。比如"老师今天不喜欢我""老师今天对我态度不好""老师总是讨厌我"，这些都属于读心术。老师其实没有这样想，但是有些人可能会自己解读，会认为自己知道对方是什么意思。

非黑即白的态度，比如"如果没有得到冠军，那我什么都不是"。孩子参加比赛得了冠军开心，得不到冠军就沮丧，这就是非黑即白。

过度假设，比如"如果发生这种状况怎么办""如果发生那样的状况怎么办""如果再……怎么办"。希望能够完全掌控未来的可能性，这就是过度假设。

负面的思维，比如看到半杯水，就想到水只剩半杯了，永远都是负面的想法。

灾难化，比如觉得"完了，我这次没考及格，我这辈子完蛋了，我将来肯定不行，我是一个坏孩子"，这叫灾难化。

这些是典型的错误认知。

那么如何开展智慧对话？

核心就是我们要用正确的想法和认知来跟焦虑虫、欺负鬼、嘲笑鬼这类被起了外号的、具象的、外在的压力进行对话。

要让孩子想想，"焦虑虫"告诉他们的事情，是总会发生，还是有时会发生，还是很少发生？（对年龄大一点的孩子，可以让他们用百分比来衡量一下。）

当孩子处于焦虑情境中时，让其思考焦虑虫所说的事，10次里有多少次是正确的？（家长引导孩子尽可能准确地描述场景。）

问孩子怎么知道焦虑虫的想法是正确的呢？（帮助孩子反思。）

有没有可能其他的事情也会发生呢？（比如，这只小狗有没有可能成为孩子的朋友呢？）

焦虑虫有没有错的时候？

能想起来任何一件孩子认为要发生，实际上却没有发生的事吗？（鼓励孩子做正向的思考。）

这都是在引导孩子发现，引导孩子对于一个事物有更加正确、健康的观点。这就是 CBT 疗法，让核心的认知发生改变。

关于怎样开始智慧对话，书里边有一些具体事例：

朋友没有跟我们打招呼，并不意味着他们不喜欢我们。

我们没有水晶球，我们并不能预知未来。

这件事有可能会发生，但是还有很多其他的事情也可能会发生。

焦虑虫也并非真的知道接下来会发生什么。

这么想是在小题大做，很多其他的事情也有可能发生。

没有人可以读懂别人的内心。

有可能，但可能性微乎其微。

这些话是父母要教给孩子的。当一个孩子会说这些话的时候，就可以用这些话来跟焦虑虫说话。之后，只要孩子脑海中有一个焦虑虫不断地刺激他"你要小心，你要担心，明天要……"，他就会调用这些内容来和焦虑虫对话。

比如说有的孩子怕狗，焦虑虫可能会在脑海当中说："今天要去公园了，你应该非常担心那有很多狗，其中一只可能会咬你。"会使用智慧对话是孩子会在脑海当中想：有可能，但可能性微乎其微。

实际上，智慧对话就是重塑孩子的价值观，让孩子用更加公允、更加从容，甚至更加科学的态度看待生活，让孩子有一套想法来武装自己。

当焦虑虫、欺负鬼、嘲笑鬼再发言的时候，孩子就能够应对了。否则，他们就可能会被那些坏的观念和想法带偏。

使用智慧对话，有几个要注意的地方：

第一，如果有强迫症的话，不能使用智慧对话。因为强迫症的患者会把智慧对话变成一种仪式。比如，普通人出门时锁一次门就够了，但强迫症患者可能每次都要锁三次，这是一个仪式。

如果孩子有强迫症，使用智慧对话，就会在脑海当中反复地对话，什么也做不了，这会成为孩子的一个痛苦来源。

第二，智慧对话应该发生在焦虑暴露之前或之后，而不是在暴露过程中。比如说孩子正在因为一只小狗紧张的时候，或者正准备适应那只小狗的时候，家长要和孩子展开智慧对话，孩子就会变得慌乱。

第三，我们应该在去公园之前展开智慧对话，或者在公园跟小狗玩完了以后，回到家再展开智慧对话，重新复盘。总之，不要在事件发生的过程当中进行智慧对话，那样的唠叨会让孩子更加焦虑，等于是一种焦虑的叠加。

最后一个提示，如果孩子不喜欢智慧对话，不必强迫。父母可以替孩子说出智慧对话的内容。孩子如果不愿意的话，不用强迫他们必须这样做。

# 制订"暴露计划"和实施

我们要制订一个"暴露计划",心理学里叫"暴露疗法"。比如说你怕蛇,见到蛇就尖叫、害怕。怎么克服呢?先拿个麻绳玩一玩,觉得不太害怕还可以接受后,再接触塑料蛇;再进一步看看蛇的标本,慢慢地尝试着摸一摸,体会一下。

暴露计划就是一步一步适应本来不适应的对象的计划。"暴露"分为三种:一种叫实体暴露,一种叫想象暴露,还有一种叫躯体感觉暴露。

家长应该告诉孩子为什么要做艰难的暴露过程——目标是增加"绿色糖果",为了让我们的罐子当中"绿色糖果"更多,让我们对社会更适应,不害怕。

如何设计暴露计划?

第一步,创造一个诱发情境列表。

第二步,选择一个诱发情境并识别子情境。

书里有个例子:有一个孩子只要到同学家去玩就焦虑,不敢去同学家玩。实际上,去同学家玩应该是一个青少年很乐意的事。父母问孩子为什么,他们不断地抽丝剥茧。最后这个孩子说:"我怕遇到他哥哥,我觉得见了他哥哥不知道该怎么说话。"这对他来说是一种社交焦虑。这就找到了诱发情境里的子情境。

第三步,建立一个暴露的阶梯。以上述情景举例:

1. 你至少可以敲门,即使你敲门后不发一言。

2. 你可以和朋友打个招呼进去,可以不跟他哥哥说话,假装没看到他哥哥,从他身边走过。

3. 你甚至可以试着跟他哥哥打个招呼。

4. 你可以跟他们一块儿吃个饭……

我们可以建立一个这样的暴露阶梯。

第四步，进行角色扮演。

比如，你的孩子明天要去参加聚会了，觉得很焦虑。你可以说："来，咱们预演一下，我扮演你朋友的哥哥，让妈妈扮演你的好朋友。咱们现在开始练习。"这就是进行角色扮演。

第五步，开始暴露实验。暴露实验开始前可以进行一些智慧对话。父母告诉孩子可以在脑海当中进行智慧对话，并让他时刻注意自己的恐惧计分表。

暴露之后，关注恐惧计分表的状况，关心孩子有什么样的收获和体会。

第六步，尝试着攀登更多的"台阶"。

书里有如下温馨提示和故障排除方法：

第一，确保风险在安全范围内，并知道孩子可以承受的极限。比如，一个孩子害怕坐飞机，直接让他一个人坐飞机飞去其他国家，这肯定暴露得太严重了。

第二，确保可能出现的可怕后果不会立刻出现。有时候，孩子在进行暴露计划的过程当中，实际上并没有完全敞开心扉地去体会，他可能只是在忍耐，只是觉得自己忍一下，忍过5分钟这次就成功了。这时候，就算孩子上了一个台阶，父母也看不出来暴露计划的成果。

第三，孩子已经完成了暴露实验，但是仍然十分焦虑。这是因为他并没有真实地进入那个暴露情境当中。

第四，所有的暴露实验看起来对孩子都太有挑战了。如果发现了这样的状况，可以试着去降低暴露的难度。

第五，如果孩子不配合，觉得暴露实验太无聊了怎么办？这时候父母需要保持冷静务实的态度，不要表现出不满和愤怒。父母可以在一张表上记录下孩子的说法，记录下孩子的焦虑程度，然后可以尝试用鼓励的方式，用更多肯定的方式让孩子愿意参与到暴露实验当中来。

这里可用到的场景非常多，比如说，分离焦虑的场景、社交焦虑的场景、害怕动物或昆虫的场景、环境恐惧的场景、进食焦虑的场景、健康焦虑的场景、抽血和注射焦虑的场景、惊恐发作和躯体感觉恐惧的场景。

对于不同的家庭，痛苦的点是不一样的，我们可以按照书中的指示设定暴露计划的具体步骤，尝试一下暴露疗法。

当然，还是那句话，如果有条件，我建议大家去看心理医生，让心理医生帮大家来制定暴露过程。

当我们做完了这些后，还要做的一件事就是识别进步和预防复发。

这本书的作者建议：

每周用 15—20 分钟的时间回顾一下这一周的进步，看看孩子这一周有没有又被焦虑虫所骚扰，跟孩子讨论、聊一聊他的进步。

评估父母的进步，看看我们是不是减少了安全行为，是不是减少了逃避的行为。

保持心理健康并且预防焦虑的复发。

孩子容易焦虑复发，有这么几种情境：

松散时间的增加。长期上网课的孩子出现的心理问题会陡增，因为松散时间突然增加了。暑假也是一样，暑假也是孩子心理问题高发的一个时期。

发育成熟和激素变化。特别是在青春期和月经期的女孩，焦虑会有一定程度的提高。

生活方式的改变能使孩子暴露于新的或者诱发恐惧的情境中。比如说搬家、转学、升学，这都是容易增加焦虑的环境。

焦虑的自然起伏。有时候焦虑自己也会自然起伏。

遇到这样的反复焦虑，我们就要继续使用工具，继续进行下一步的暴露练习，注意复发迹象。

逐渐地减少奖励。当我们看到孩子越来越接近正常，焦虑状况越来越轻的时候，我们可以减少外部的奖励幅度，也就是要让孩子知道我们是在治疗，不是为了获得奖励，奖励只是当时的一个手段和方法。当已经取得了大的进步时，就不需要用那个外部的奖励了，因为变得更好本身就是一件很好的事。

自己在家里处理这个问题还是有局限性的，我们还需要考虑找专业人士。

什么时候我们必须得找专业人士呢？

"如果你的孩子焦虑症状很严重，他感到非常痛苦，或者严重影响了他参与正常活动的能力，我建议你找一位经验丰富的认知行为治疗师进行咨询。"考察的核心是孩子的痛苦承受范围，如果这个痛苦的程度孩子扛不住了，那就需要寻求专业人士的帮助了。

怎么挑选专业的人呢？

一位经验丰富的治疗师会采用CBT疗法，关注人的思想和行为。

治疗应该着眼于当下，而不是过去。这是什么意思？存在主义心理学理论告诉我们，没有哪个人的童年是一帆风顺的。总在童年当中找原因并不是CBT疗法所倡导的治疗。我们所倡导的是当下，而不是过去。

治疗师应强调以暴露疗法为基础进行治疗。

治疗应包括医院的疗程和家庭治疗、作业治疗。

治疗目标应由心理健康专业人员确定。

我想提醒各位父母，如果看到这些文字的时候你觉得揪心，那家里多半已经出现了一些状况。有状况的家庭很多，你也不用过分自责。

但是如果有机会，我希望你们能告诉更多年轻的家长，假如我们在孩子3岁以前能够更耐心、更温柔、更关注孩子的成长，孩子长大以后出现焦虑和抑郁的状况就会少很多，孩子会更加有理性、更加有自律能力、更加懂得爱和表达。

父母越早去读书学习，提高自己的认知，对孩子来讲越是莫大的福气。我特别希望每一个孩子都能够阳光、健康、快乐地成长。

孩子天生爱学习
下篇

THE WAY FOR
CHILDREN TO LEARN

# 孩子的
# 学习之道

# 07

## 父母的语言：
## 孩子真正的起跑线

当读到《父母的语言：3000万词汇塑造更强大的学习型大脑》最后一章的时候，我被打动了。最后一章出现了我特别喜欢的大神级的人物——阿图·葛文德。阿图·葛文德是《医生的修炼》和《最好的告别》的作者，是美国一位非常著名的医生。

阿图·葛文德讲了一个非常重要的现象，叫作"思想的停滞"。在19世纪，医学界有两大非常重要的发现，一个是麻醉，另一个是消毒。

麻醉被很快地普及和应用。早在古代中国，华佗就已经发明了麻沸散。可见人们对于怎么止疼这件事是非常重视的。

但是消毒这个工作一直到很晚，直到人们付出了特别多的代价之后，才慢慢地被重视。有位意大利的医生曾经分析了产妇的死亡率为什么高，原因居然是很多医生都没有洗手的习惯。以前有的医生做完了上一个手术就跑来做下一个手术，不觉得洗手是很重要的事。

人们为什么对于消毒这件事不重视，而对于麻醉这样的事很重视？

原因很简单，因为麻醉所要解决的问题可见。医生可以知道患者有多疼，甚至每天都能听到病人痛不欲生地喊叫，所以得解决这个问题。但是消毒要解决的问题不可见。你不知道为什么这些人死掉了，所以不可见的这些东西会被人们忽略，它会导致思想的停滞，这是一个非常有洞见的想法。

那它跟我们讲的这本书有什么关系呢？我们每个人发现自己孩子和别人孩子的差距，基本上都是在孩子上小学、中学，甚至大学时，很多家长会感慨孩子之间的差距竟然这么大。

实际上，不可见的差异是什么时候产生的呢？是在3岁以前。在每个孩子都非常可爱活泼、在地上蹒跚学步的时候，在孩子跟孩子之间看起来没有差距的时候。那个时候，其实差距已经逐渐地被拉开了。

## 3000万词汇，拉开孩子人生的差距

关于本书，封面上有一句文案："5000本学术期刊转载，引起白宫重视的学术研究，一本送给父母的语言教育启蒙书。"英文名字叫作 *Thirty Million Words*，中文书名叫作《父母的语言：3000万词汇塑造更强大的学习型大脑》。

作者和很多科学家一起研究，发现不同的家庭当中，孩子在3岁以前所听到词汇的差距量可以达到3000万之多，这些家庭在教养方面的最大差距不在于态度，不在于物质条件，而在于父母和孩子所说的词汇量。

这3000万词汇里虽然有重复，但依然是一个巨大的差距。

作者认为每一个国家都很重视自己的国家资源，比如森林资源、石油资源、煤炭资源、水资源等。实际上，我们有一种非常重要的资源是被大家忽略的，而这种资源是不要钱的，就是父母的语言。

父母的语言是一种非常重要的资源，它能够改变整个国家所有孩子的基本素质，能让孩子们的大脑神经元连接变得越来越丰富和健康，这对于整个国家来说都是多么巨大的一笔财富！

但因为它不可见、不可度量、不可买卖，人们常常觉得没那么重要。

基于这两个原因，我希望大家能够认识到在教养孩子方面出现思想的停滞的危害。不要只等到孩子跟别人的学习成绩出现了落差以后，再去反思自己是不是应该做一些改变。父母应该在孩子一出生的时候就知道怎样做一个好的父母。

那么，这个差异到底有多大？

最核心的这一组数字："统计13个月到36个月的孩子平均每小时听到的

语句，脑力劳动者家庭是487句话每小时，工人阶级的家庭是301句话每小时，接受福利救济的家庭是178句话每小时。"

父母忙于生计可能就没时间跟孩子说话，还有很多留守儿童被留在家里与电视为伴。电视上的对话和人面对面讲的话有很大的差别，这点我会在后文介绍。

"3岁孩子累计听到的单词量，脑力劳动者家庭的孩子是4500万个，接受福利救济的家庭只有1300万个，相差了整整3200万个。

"3岁孩子掌握的词汇量，脑力劳动者家庭的孩子是1116个，接受福利救济家庭的孩子是525个，相差了591个。"

不同家庭的孩子所掌握的词汇量是有着巨大的差别的，当然这是英文的单词，换算成中文可能会稍微少一点。

还有几个很重要的事实：

儿童的语言中平均95%的词汇和父母是一样的。所以，我们说"孩子是父母的复印件"。你听到你的孩子怎么样说话，就能够反思到你是怎么样说话的。

如果父母每天跟孩子说话都不客气、非常严厉，经常会蹦出一些粗话来，那么就别指望孩子变得温文尔雅、讲礼貌。如果父母能够更加注意自己跟孩子说话的遣词造句，孩子也会变得不同。

还有就是每个孩子成长到9个月以后，学习差异就已经存在了。

长到9个月以后，孩子跟孩子之间就已经不一样了。

小学三年级的时候，一个孩子的读写水平在一定程度上决定着他今后上什么样的大学。小学三年级以后，这个差距会变得越来越大。

那么，这里的发现是从哪儿开始的？

本书的作者是一个研究人工耳蜗的医生，她是专门给那些听力障碍的孩子做人工耳蜗的医生。一开始很少有人意识到人工耳蜗对一个孩子的重要性，她非常深入地了解每一个孩子做完了手术以后的进展，然后她发现，不同孩子的进展完全不一样。

有两个案例。

扎克被带到研究小组的时候，只有 8 个月大。扎克的父母为他选择了人工耳蜗植入手术，并为他过了"听觉生日"。如果我们在网上搜索听觉生日，看到相关的视频，就会看到特别多令人感动的画面——有一个孩子从来没有听到过声音，他在植入了人工耳蜗，开始听到声音的那一刻，他所表现出的惊喜，令周围所有人动容，孩子的父母感动得落泪。在中国、在西方国家，有很多这样的视频，人们把这个时间叫作听觉生日。

扎克 8 个月开始听到了声音，三四岁的时候，医生观察扎克，发现扎克开始说话了，与其他的孩子几乎没有差别。他上的是普通的学校和班级，与正常的孩子一样地学习，没有障碍，他甚至可以开玩笑，非常健康。

另外一个孩子叫米歇尔，7 个月的时候植入了人工耳蜗，也获得了听力。但是，又过了几年，医生追踪米歇尔，发现这个女孩上了"特殊教室"（专为听力缺失的孩子而设），老师说米歇尔面临巨大的困难，既不会用口语表达，也不会用手比画，对别人说的话，她能听到，却不能听懂。

医生作为给两个人做手术的人，知道安装的耳蜗没问题，大家听到的都是一样的声音，智力发展怎么产生了这么大的差别？

这给作者带来了巨大的触动！

于是，作者翻阅了很多资料，后来发现有两位科学家（一个叫贝蒂·哈特，一个叫托德·里斯利）早就做了相关的实验：来自美国各个阶层的 42 组家庭被选中参与研究工作，原本该项目有 55 组，后来有几组搬走了，所以研究和数据收集中断过。

这个研究经历了早期的坎坷，坚持了 3 年，然后找到了原因。不同的家庭环境跟孩子所说的语言数量是最本质的区别，当然词汇与遣词造句会不一样，更重要的是语言数量的差别。这个差别会影响孩子的智商、词汇量、语言处理速度、学习能力、成功的能力和潜力。

"在 1 年之内，脑力劳动者家庭听到的肯定词汇是 166000 个，禁忌的词汇是 26000 个；工人家庭听到的肯定词汇是 62000 个，禁忌词汇有 36000 个；接受福利救济的家庭听到的肯定词汇只有 26000 个，禁忌词汇是 57000 个。"差别如此之大。

"到了 4 岁的时候，脑力劳动者家庭的孩子听到的词汇量，肯定词是

664000 个，禁忌词汇是 104000 个；接受福利救济家庭的孩子听到的词汇量当中，肯定词只有 104000 个，禁忌词是 228000 个。"

这些词汇逐渐地拉开了孩子们之间的差距。

我们必须得了解一个原理，叫神经的可塑性。早期的时候，语言环境能决定每个人大脑当中所分泌的荷尔蒙。

在婴儿时期，孩子的脑海中就已经可以分泌压力荷尔蒙，就是皮质醇。心理学家爱德华·特罗尼克做过一个"静面实验"，一个听起来有点残忍的实验。过程是这样的：还不会说话的孩子正在高兴地跟妈妈互动的时候，妈妈突然之间背对孩子，再次转身时，面无表情。孩子呆住了，就开始尝试做鬼脸逗妈妈笑，妈妈没有回应；孩子手舞足蹈……各种方法都没有用，孩子终于号啕大哭。

等妈妈开始慢慢恢复和颜悦色，开始笑的时候，孩子看到妈妈慈爱的笑脸，才恢复正常，接受了妈妈的回归。

所以，妈妈跟孩子之间的互动能够决定孩子体内分泌的激素。这个静面实验会伤害到孩子的认知能力、语言能力、行为能力、自我及情感控制能力。

用孩子来做这样的实验，在我们听来觉得有点残酷。但你要知道在我们的家庭当中，有不少妈妈天天拿自己的孩子在做这样的实验，有不少妈妈经常会跟孩子翻脸。她们不光会面无表情，有时候还会大喊大叫。

因为孩子在婴儿期的时候，妈妈的焦虑程度是很高的，妈妈会觉得负担很重，有时候会控制不了自己的情绪。但这种高压力传递给婴儿的时候，婴儿的学习能力会开始大幅地下降。

我们要知道，我们的大脑不但能建立神经元连接，也能断掉很多神经元连接。宝宝一出生，每一秒就会产生 700—1000 条额外的类神经连接。如果大脑神经元开始了无限制的连接，有过多的爆炸式连接，大脑很可能会承受不了这种强烈、复杂的处理信息的压力，从而导致混乱。

所以，大脑在婴儿时期，快速建立很多连接以后，也会把那些经常不用的连接断掉。

有一种儿科疾病叫作儿童白内障，病理也符合大脑"用进废退"的道理。眼科医生发现，有的孩子生下来眼睛就有白内障，只要及时做手术，孩子的视力就没有任何问题。但如果孩子超出了 8 岁，再做白内障的手术，眼睛可以看起来正常了，视力问题依然困扰终生！原因是孩子的视神经长期不用，长期没有任何作用，大脑判断这个功能可能没什么用，就把连接给它断掉了。

作者讲了一个小段子：扎克伯格娶了一个华裔太太，为了方便和妻子交流，他便学习中文。有一次他与中国领导人有个会面，虽然扎克伯格已经算是一个很有学习能力的人了，但是他中文讲得不怎么样。他介绍说 Facebook 有 10 亿个用户，结果说成了 Facebook 有 11 个用户。"10 亿个用户"和"11 个用户"在扎克伯格的发音当中是混淆的。

一个人长大了之后，想要把一门语言学得特别好是非常困难的一件事。所以，基于我们知道神经可塑性的原理，就知道孩子在小时候，父母的语言有多么珍贵了！

# 用"3T 原则"来与孩子对话

父母到底应该怎么跟孩子对话才是科学的呢？
本书的核心重点叫"3T 原则"。

**第一个 T 叫作 tune in。Tune in 是共情关注。**
与孩子讲话的时候，要始终保持共情关注。比如，很多父母会抱怨孩子："给你念绘本，你怎么不听呢？"大人给孩子念绘本的时候，总希望孩子的注意力全部集中在绘本上，大人怎么念，孩子就怎么听。有时候，大人给孩子念绘本的时候，发现孩子突然伸手去摸旁边的床单了，大人立刻暴跳如雷。这不叫共情关注。

共情关注是大人在此时应该跟着孩子的思维走："你看到床单了，这个叫床单，你要摸一下吗？来，摸着床单听。"如果大人正在念绘本，念到一半的时候，孩子突然指着前面的文字说"这儿"，大人可以将被指的文字念出来，告诉孩子："喜欢这个呀，来，我再给你念一遍。"

大人要帮孩子把情绪感觉讲出来，要不断地帮孩子解释自己的感觉，这种共情关注的方式能够让孩子快速地学习。

太小的孩子往往没有能力跟着大人的节奏去吃饭、去大小便、去学习，所以在大人念绘本的时候，孩子怎么可能全跟着大人的节奏走呢？除非大人要求孩子一定要和自己同步，这就容易给孩子带来焦虑，让他们的皮质醇大量分泌。最后的结果可能是孩子生气，大人也生气。

有不少父母和我说，孩子才两岁就叛逆得要命。其实，这个时候孩子需要的是大人对他们的共情关注。

不论是讲故事还是堆积木，父母都要随时关注着孩子的感觉，如果孩子在听故事的时候突然跑开，想去玩积木，父母就可以放下书，给孩子解释积木，说："这个叫积木，这是红色的，你拿在手里看看重不重？"父母可以不断地给孩子解释世界。

在共情关注当中，大人完全可以用"儿向言语"。

曾经有专家说，不要用小孩子的说话方式跟孩子说话，要用大人的说话方式。但这本书的作者提倡父母用可爱的词汇和孩子沟通。比如说，"来吃饭饭""来喝大牛奶"。作者认为这样的语言能够吸引孩子。孩子喜欢叠词，觉得叠词有韵律感、好听、有意思。大人这样说话，孩子就会因此更有学习的欲望和动力。

具体的做法是观察、理解、行动。父母可以不断地观察孩子的行为，理解孩子的行为，帮助其讲出来。比如对孩子说："你是不是想妈妈，你希望妈妈抱对不对？"这就是共情关注的具体做法。

总之，我们要经常性跟孩子们共情关注，来描述他们的状态。

**第二个 T 叫作 talk more，就是要充分交流，要多说话。**

首先，你要跟孩子讲述当下正在发生些什么事。我记得小时候，我妈妈送我去上学，自行车要骑很远的距离，我妈一路见到什么就跟我讲什么，比如说"路边这有一棵树，树下有一只狗，如果狗来了，我们怎么办呢？"我还和妈妈互动说"狗来了，我保护你"，后来，狗一来我自己先吓哭了。

现在很多父母就给孩子扔一个手机，于是孩子们所看到的东西，跟他们眼前发生的世界无关，他们根本没法把这件事和那件事建立起连接，所以他们大脑的神经元连接不发达，也建立不起来连接。

而与孩子进行平行谈话意味着，父母在不断地给孩子解释当下所发生的事，在做什么事就跟孩子讲什么事。哪怕孩子坐在一边，妈妈说："妈妈现在给你做饭，做你想吃的、好吃的饭饭。"这样讲，对孩子来说都是学习。因为孩子能够把实际生活与妈妈的陈述联系在一起，这是一种充分交流。

充分交流的过程中，有一个值得注意的点是少用代词，比如"他""这个""那个"，因为有的孩子听不懂代词。比如说，孩子画了一幅画给妈妈看："妈妈，这是我画的画。"妈妈不要说"我喜欢这个"，建议妈妈说"我喜欢你画的这幅画"，这会让孩子学得更多。

父母除了给孩子解释当下的情况，还要学会脱离语境。走在路上的时候，如果没有见到狗，妈妈可以问孩子："待会儿，如果出来一只狗，怎么办？"这是在延伸讲当下视野里还没有出现的事物，可以调动孩子去想象那些可能会发生，但是眼前还没发生的事情。脱离语境的交流方法可以丰富大人和孩子之间的谈话。

父母不仅仅是孩子生活中的复读机，还可以跟孩子讲很多可以去想象的东西，帮助他们进行语言的扩展。比如一个孩子说抱抱，他只会说这么一个词，这时候父母应该怎么讲呢？可以说："你是不是累了，想让爸爸抱一抱？""抱抱"这一个词就变成了"想让爸爸抱一抱"这样一个完整的语句。

如果这种话父母说得越来越多，孩子也会随之慢慢地说出连贯的语句。不久后的一天，孩子就能很自然地用到"然而、但是"这样的转折词。

这就是充分交流。要尽量多地跟孩子解释世界，尽量多地让孩子延伸自己的想象力。

父母要学会用平行谈话、脱离语境以及言语扩展的方式帮孩子丰富词汇，加强与现实世界之间的连接。

**第三个 T 叫作 take turns，轮流谈话**。

轮流谈话当中，最大的敌人是谁？

很多父母特别喜欢封闭式的谈话方法。比如跟孩子谈话，说"不要动，老实点，别碰那个东西"。

这种话是没有"轮流"一说的，不能让孩子感受到因果关系。要制止一个孩子做一件事最好的方法是运用因果关系，比如说："这个炉子很烫，你想想看，如果摸这个炉子会怎么样？会烫到手，知道吗？"这样说能让孩子把因果联系起来。所以，用因果关系来解释生活中为什么存在很多禁忌，有哪些东西不能碰，其实可以帮孩子很好地成长。

大量的家庭日常交流所用到的都是简单的命令，这无法帮助孩子建立更多的连接。命令的词语只会让孩子停止探索，不敢去尝试。

**其实还有一个 T，叫作 turn it off，把它关了的意思。**

把什么关了呢？把电视和手机关了。

为什么？因为电视和手机这样的工具虽然也能够让孩子学说话，但是它完全不"3T"。它们不关注、不交流、不轮流。电视和手机无法关注孩子和抚慰孩子。

将来人工智能可不可以？那要看人工智能发展到什么程度，看它会不会跟孩子深度交流，跟孩子轮流说话。

孩子说的话跟电视没有关系，孩子学习一个东西是对还是错，所用的方法是先尝试，再看互动者的反应。

比如说，一个孩子拿起一个小球轻轻地扔到你脸上，你哈哈一笑，他知道这个游戏做对了。他如果打了你的脸一下，你表示出不高兴，他就知道这样做是不对的。孩子通过外界给的反馈，才能够知道自己所做的事、所说的话到底对不对、合不合乎规矩，自己跟大家能不能够融洽相处，这就是情商增长、技能提高的过程。

孩子从电视上也可以学习，比如电视里有两个小动物打来打去，孩子也可能会模仿、学习，但因为电视里的反应不是真实的，所以孩子不知道是对还是错。于是，孩子的大脑中建立了很多奇怪的影像，但是缺乏了人和人之间的连接。

有些在学校里打架的孩子，他们打别人，是因为不知道别人的感受，不能体会对方的疼痛。他们在家庭生活中，没有正确的互动。可能他们从小看电视，看到有个人脑袋上被砸了一个包没出问题，就觉得很好笑，他们不知道其中的利害关系。

有的父母说孩子已经长大了，上小学了，不用手机不可能，有的作业都是通过手机短信布置的。其实，手机和电视只是一个补充科技，就好像人们营养不足的时候，可以摄入一点补充的营养元素。但是，一个人的健康不能只指望着营养粉。这也可以类比手机和孩子生活的关系，手机只能做很少的补充，更多的东西是来自父母、老师和孩子的互动，父母的作用更大。

# 父母的语言全方位影响孩子

父母的语言和孩子的数学成绩之间如何发生关联？

作者说，毋庸置疑，中国人的数学比美国人好很多。

美国有一个快餐品牌叫艾德熊。艾德熊试图从麦当劳争取客户，做了一次广告促销活动。

广告语是这样的：同样的价钱，能买到比麦当劳多1/3磅的汉堡（大约150克）。广告打出来以后发现销量没有增长，后来艾德熊就去做市场调查。研究发现，调查对象毫无疑问更喜欢麦当劳汉堡的口味。

问题到底出在哪里？美国人的回答居然是"以前艾德熊说同样的价钱，能买到比麦当劳多1/4磅的汉堡，现在却说只能买到比麦当劳多1/3磅的汉堡，因为4比3大，所以1/4比1/3大，这样一来，买到手的不是少了吗？"

作者说，美国人的数学确实不好。其中一个非常重要的原因是美国孩子数学启蒙得太晚。美国的孩子在大概二年级的时候，所学数学的难度相当于我们中国幼儿园的难度。作者认为学数学一定要趁早，应该像中国人一样，孩子脑子的数学逻辑才能建立得起来。

那么，父母如何用语言去帮孩子建立数学逻辑？当父母给孩子系扣子的时候，可以说："来，给你系扣子，这是第一颗，这是第二颗、第三颗、第四颗……"父母可以一颗一颗地系，每一颗都跟孩子讲出对应序号，还可以和孩子互动："来，给爸爸指指哪个是第二颗。"

爸爸妈妈要有意识地在跟孩子说话的过程当中加入很多数字的概念，还可以加入很多空间的概念，比如说："这是一个圆球，对吗？你摸摸圆不圆？""这是一个方块，这是一个三角形……"平常聊天的时候，很自然地引入一些数学的概念，孩子在小的时候脑子里就可以慢慢建立数学概念和空间概念。

过去一直有一种传统的说法：女孩子的数学比男孩子差。你们同意这个观点吗？

事实证明，很多男生的数学成绩确实比女生高，但是这不代表男女在这件事上天赋有差异。原因在哪儿呢？

经过对家长的观测，我们发现，很多父母在与小女孩谈话的时候很少涉及数字和空间，父母在培养女孩子的时候聊的大多是什么是美，比如"这幅画好不好看，颜色漂不漂亮，这个花裙子多棒……"，更多聊到的是情感、颜色、感受等细腻的事物。

父母与一个小男孩聊天的时候，则更喜欢说："我们来数数吧。"或者来玩"跳格子"。父母会用这种带有空间感和数字的语言方式跟男孩子聊天。

父母不同的潜移默化的培养在一定程度上造成了男孩和女孩长大以后数学成绩上的差异。

其实，如果父母不把女孩当女孩养，能够给女孩提供同样的语言环境，让女孩子也开始建立各种各样关于数字和空间的概念，她们长大以后的数学成绩多半是没有问题的。

事实上，历史上有很多很棒的数学家都是女性，所以，女孩子一样可以把数学学好。美国人也一样可以把数学学好。

另外，思维模式也会影响一个人的数学成绩。《终身成长》这本书提到了人这一生有两种可能的思维模式：一个是固定型思维，认为事情是没法改变的。有这种思维模式的人认为自己现在的状态就是最重要的，会不断地向别人证明自己很强；另外一种是成长型思维。有这种思维模式的人用一种发展的观点看自己，比如发现自己在哪方面存在不足，就认为自己是可以靠不断地改变来成长，即便出了一些问题，也认为自己可以通过改正变得更好。

成长型思维和固定型思维怎么养成的呢？在早期，主要靠父母跟孩子的互动。

如果父母整天跟孩子讲的话都是"宝贝，你真棒""宝贝，你真有天赋""宝贝，你真了不起""你将来一定会成为一个音乐家"……用这种肯定结果和天赋的方法跟一个孩子谈话,他很容易就变成具有固定型思维的人,因为他太希望得到来自天赋方面的肯定了。

事实上,一个人的能力很多时候来自刻意的练习,来自一次一次的挫折和不断地打拼。拿我自己来说,我过去哪会讲这么多的话。其实,刚开始我上台讲话都浑身发抖,后来开始不断地练习,积极参加辩论赛,职业上选择做老师、做主持人,才有了现在的从容。

所以,父母肯定孩子的时候,要多关注过程,比如对孩子说:"你昨天练琴练得特别勤奋,所以你今天弹琴就好了很多。"当你能够鼓励孩子去了解、坚持探索、不放弃某件事的时候,孩子就能够逐渐地养成这种成长型思维,这也会影响到孩子终身的幸福。

《终身成长》这本书提到过,终身成长是"美德背后的美德"。一个人是卓越还是普通的一个非常重要的判断标准,就是他的思维模式是固定型的还是成长型的。

关于自控力,有一个著名的棉花糖实验,是进行了 30 年的一个实验。

实验人员对一群孩子说:"如果你们能坚持不吃棉花糖,5 分钟之后,我会再奖励你们一个棉花糖。"很多孩子受不了诱惑,很快就吃了,有的孩子忍不住会拿起来闻一闻、舔一舔,有的孩子则坐着不动。

经过了 30 年以后,来看孩子们的成就,会发现那些能够坐得住的、忍耐不吃棉花糖的孩子的成就,要远远高于那些不能忍耐的孩子。

自控力的培养是如何通过父母的语言来实现的呢?

如果一个父母总是用命令的语气跟孩子讲话,孩子就会丧失自控力。我有一天演讲,分享如何让孩子拥有内在动力的时候,有家长说:"樊老师,你一讲起你怎么培养你家孩子,我觉得都是故事,或者这是别人家的孩子,因为我自己的孩子不是这样,我家孩子就得我盯着。"

他们还问我,是不是包装了故事。其实,我想告诉大家,如果你的方法是对的,你一定能够体会到我带孩子的愉快感受。你之所以得盯着自己的孩子,是因为你从一开始就在盯着他。

当时回答的时候,我说的是我个人的感觉,通过《父母的语言:3000 万词汇塑造更强大的学习型大脑》这本书，我找到了理论依据：如果一个父母总是用命令型的语言跟孩子讲话，孩子的自控力就会不断地下降。因为孩子不认为自己是需要管理好自己的，孩子也不知道管理的规则是什么，反正父母说什么就是什么，父母说不要做，自己就不要做。这样一来，孩子根本不会去探索边界、规则，也不会去尝试自己掌控事情。最后导致的结果就是孩子的自控力不断地下降。

自控力对一个人有多么重要，并不需要多次强调，所以，我提议父母们减少自己命令型的语言，把它改成建议提示型的语言。

建议提示型的语言就是父母可以提建议，可以做提示，可以告诉孩子因果过程，但是要让孩子自己尝试着去控制自己的人生。这时候，孩子的自控力才能不断地提高。

孩子的道德也与父母的语言有关。

父母跟孩子说，"来帮我扫扫地"，愿意来帮忙的孩子并不多。但是，如果父母改成了"我希望你成为我的帮手"，会有很多孩子愿意参与进来。

我们跟一个人说"不要骗人"。"不要骗人"是一组警告，另外一组警告是说"不要成为一个骗子"。第二组的效果要明显好过第一组。

当你用一个名词来界定一件事时，孩子更容易接受与之有关的道德观念。

比如"帮手""骗子"是名词，而"帮忙""骗人"是动词，孩子当然不希望自己成为一个骗子，而希望自己成为一个帮手。使用名词会更有力量。

怎么批评孩子？注意批评要基于行为而不是人格。说"你是一个不负责任的人"是基于人格的批评，说"你做的这件事情在我看来是不负责的"是基于行为的批评。

以上都能够快速地帮助孩子建立道德底线。父母的语言全方位地影响着孩子的世界。

# 家庭氛围是重要的教育资源

大家是否同意父母的语言是我们这个社会上非常重要的资源？这是给每一个孩子在贫穷时的投资。对很多孩子来说最需要的东西不是我们捐去的文具、篮球等物品，孩子更需要的是高质量的陪伴和系统性的符合"3T原则"的语言。多跟孩子说说话，或者教会他们的家长多去说这样的话，这才是最重要的。

学会了"3T原则"有什么意义呢？

第一是能帮助应对日益严重的教育资源的不均衡状况。在美国，好的学校特别好，差的学校令人担忧。这不可能在一夜之内，通过重新分配回归均衡。

美国的父母能做的是提升意识，而不是缩小智商的差别，或者基因的差别。或者说他们太忙了，没有时间做这样的事。只要父母意识到自己的语言对于孩子的各个方面的影响，就能让孩子在上小学之前就具备非常丰富的大脑神经连接。如果一个孩子在3岁的时候能够有很强的读写能力，基本表示他有能力在大学里获得优异的学术成绩。

第二是能够明白父母和照顾者是一切教育的决定性因素。好多人愿意花很多钱给孩子买一个学区房，但是不愿意花一点点钱来改造一下自己。其实，父母只要能够稍微拿出一点时间或者金钱去读读书，去学习一下，就不至于非要等到孩子十几岁的时候，花几十万、上百万，只想把孩子送去一个好学校。很多时候父母没想过，孩子早期都没教育好，自己没有因为学习和改变让孩子更好地成长，当孩子长大了，他们的整体状态已经跟不上别的孩子了，就算送到好学校可能也于事无补了。

第三是获得我们整个社会想要拥有的成长型思维模式，这需要我们意识到语言的重要性。意识到语言的重要性不是碰巧的事，不是说一个人能碰巧拥有成长型思维，我们小时候所受到的影响，才是导致我们今天所产生的变化的主要因素。

不同的家庭跟孩子互动的时候，输入给孩子的词汇量是不同的，如果词汇量的差别在3000万词汇以上，那就是一个巨大的鸿沟了。而弥补这样的鸿沟其实不需要花太多钱，不需要投入很多的资源，只需要更广泛地传播这样的科学成果，让更多的父母意识到语言对于孩子将来长大的重要性。

这3000万词汇的差别将影响一个孩子学习数学、学习艺术的能力，以及他的情商、他的沟通能力、他的终身成长的思维、他的自控力。当父母抱怨孩子没有自控力，没有终身成长的思维，不愿意去努力学习数学的时候，更应该反思，自己跟孩子说话的时候有没有基于"3T原则"去共情关注、充分交流和轮流谈话。

"不要让孩子输在起跑线上"这句话有底层逻辑上的问题，它把大家搞得很焦虑，很多人在幼儿园时就开始拼。事实上，孩子的起跑线不是幼儿园、不是重点小学，一个孩子的起跑线是父母愿不愿意跟他多说话，是父母愿不愿意用更加丰富的、科学的、肯定的语言方式，帮助孩子建立足够丰富的大脑神经元连接。因为过了这个村，就没有那个店了。

最后，希望你能够再思考一下这些知识和理念，并把它们传阅开来，你的每一个分享都可能给一个孩子带来一生的改变。

# 08

## 儿童自然法则：
## 不破坏孩子的学习天性

《儿童自然法则》是一本令我激动的书，我看完书之后，有了一种想要开所幼儿园的冲动。如果全中国的幼儿园老师，或者适龄孩子的家长都读过这本书，我们的社会环境一定会变得更好。

　　这本书不仅适合家里有 5 岁以下孩子的家庭，也适合所有成年人。每一个成年人都可以通过阅读，更加了解一个人到底是如何成长的，也能找到自己心中最需要弥补的那一部分。

　　作者塞利娜·阿尔瓦雷斯是法国人，她承袭了玛利亚·蒙台梭利的教学方法（蒙台梭利教育法，也称蒙氏教育）。蒙台梭利女士在晚年的时候，经常一个人坐着嘀咕，别人凑近想听一听老人在说什么，发现她原来在说："他们都不懂，他们完全没有了解蒙台梭利。"的确，有很多教学方法以蒙氏教育为旗号，实际上却背离了蒙氏自然生态的教育方法。

　　《儿童自然法则》结合了人类学、语言学、脑科学的研究，以及作者在教学当中的实践工作，让蒙台梭利教育理念本身的内涵被人们重新认识。

　　有时候跟很多家长沟通，我说教育一个孩子，最重要的时间是 5 岁以前。他们就会说："孩子 5 岁以前，我没什么可以做的事情，孩子挺听话的。"我说："如果你觉得孩子在 5 岁以前自己挺省事的，那是因为孩子给你造成的痛苦小，你能够控制得住他，但孩子为了和你争执可能已经拼尽全力了。"

　　很多家长不知道孩子 5 岁以前到底该做些什么，《儿童自然法则》可以手把手地教我们，父母在孩子 5 岁以前到底能够做些什么。

## 滋养大脑的十四条法则

塞利娜发现，法国每年有40%的小学生考试不及格，她想要解决这个问题。于是在2009年的时候，她自己找了一所幼儿园，向法国教育部申请了一个课题，做一个试点班。

试点班所选择的位置，不是在富人区或者其他物质条件很好的地方，而是一个教育力量薄弱的地方。这里的孩子家长都不太管孩子，都忙着打工赚钱。她把班级改造了一下，经过实验，这个试点班的学生的成绩得到了大幅提高，班级氛围非常轻松愉快，班上的同学关系都特别好。

整个实验的过程，她都记录在书中。

她所采用的教育方法是怎么来的？

这要从让·马克·加斯帕尔·伊塔尔说起，他可以说是法国教育的先驱。他最著名的事迹就是曾经收养过一个从森林里找到的野孩子，并尝试对他进行教育训练。曾经有一部纪录片叫作《野孩子》，就是讲他用自然方式教育这个野孩子的过程。伊塔尔有一个学生叫爱德华·塞甘，他被称为"特殊儿童教育之父"，而玛利亚·蒙台梭利便继承了爱德华·塞甘的衣钵，并成为20世纪初一位著名的教育家。他们关于教育的理念都认为外部环境的影响比基因的影响还要大。

人其实很弱小，与牛、马等动物比起来，刚生下来的时候，人类的大脑太弱了，牛、马一生下来，很快就能站起来，不需要多久，就可以跟着母牛、母马跑起来了。人除了会哭、会吃喝，什么都不会。但是，要注意，牛、马这一辈子也就止步于此了，它们几乎不会再有更大的发展了。

那么，为什么我们人类生下来的时候，大脑里是一片空白，什么都不会？

因为人要为后天适应外部环境留下足够的空间。人的大脑的适应性是非常强的。日常生活中，孩子的大脑就在不断地发育。

千万不要以为所谓的教育就是父母板起面孔来跟孩子说话，别认为只有这个叫作教育，日常生活的方方面面都对孩子有教育意义，他们的大脑都在不断地构建连接。

有很多父母经常会说："我希望我的孩子乖一点，我的孩子很不听话。"当一个孩子真的变"乖"了，很有可能代表着他的智力发展停滞了，代表着他什么都不敢做了，变得老老实实。要知道，孩子头脑的成长速度之快，是成年人没法想象的。

蒙台梭利有一个非常著名的论断，她说一个人在3岁以前所学到的信息，是今后人生的总和。因为3岁以前，大部分人类基本就学会了情感，学会了语言，学会了色彩，学会了察言观色，学会了人际关系……这些都含有巨大的信息。

孩子的大脑当中大概有1000万亿个神经突触，每秒钟它们会建立700—1000个新的神经元连接。因此，塞利娜要求，幼儿园的老师在跟孩子说话时，一定要注意自己的语言。

书里有这样一段文字：

"当孩子问：'会下雪吗？'我们从来不会敷衍地用一句'我不觉得'应付了事，而是会说：'我觉得不会下雪。今天早上我听了天气预报，预报员说不会下雪，但是会很冷。看看天上，云没有那么厚，所以还不会下雪。'我们尽量不省略主语，而用'我们'；我们不会说'孩子们，中午吃完饭就去泳池'，而会说'孩子们，中午在食堂吃完午餐后，我们去游泳池游泳'。她尽量地把主谓宾都说全了。

"同样，我们尽量用准确的词语，而不用'这东西''那玩意儿''这个''那个'来指代事物。这样说话有点儿费劲，但是我们宁可花时间找到合适的词也不随口应付。我们对孩子解释说：'等我一秒钟，让我想想怎么说更合适。'即使对孩子来说有点儿难懂，我们也应坚持用最准确的词来表达。"

当老师和家长用最准确的词来表达的时候，孩子的大脑神经元连接会建立得更加充分。

我特别感谢我妈妈,在我 3 岁以前,我妈妈要骑自行车到很远的城外去上班。一路上,我坐在自行车上,妈妈就跟我说话。她是一位小学语文老师,所以她跟我说的大多是书面语言。用书面语言跟孩子聊天,孩子大脑的神经元连接会构建得更加充分。

很多孩子在进入塞利娜的班级之前,嘴里经常会冒出脏话,或者说话前言不搭后语,因为他们家里的人说话都是能省则省,用非常简单的、有暴力情绪的话跟孩子们对话。当一个孩子不太会礼貌地或者准确地表达的时候,塞利娜班上的老师会非常耐心地问孩子:"你会用另外一种方式说吗?"如果孩子不会,老师就和善地教他怎样准确地把一句话说出来。

在这个班里,塞利娜要求大家礼貌、安静、不打扰别人,而且要互助。在互助方法上,她认为一定要让混龄的孩子在一起相处。这个幼儿园班的学生年龄在 3—5 岁。为什么混龄特别重要?因为当人们离开了学校以后,会发现社会上的人是混龄生活的。但是,在我们上学的经历中,却很少跟不同年龄的人打过交道,几乎都是跟同龄的人在一起,于是班级里的竞争特别多,而合作与帮扶特别少。

当一个班级里的孩子出现年龄差的时候,帮助就出现了,有领导力的人就出现了,互助的氛围就会非常浓厚,所有的孩子几乎都能自然地学会怎么跟不同年龄的人打交道。

我还要在此强调一下亲和的氛围对人多重要。两岁以前是非常重要的大脑发育关键期,因为大脑的突触会被修剪,一个孩子每秒钟建立的 700—1000 个神经元连接,不全是有用的,在他睡觉的时候、在他发呆的时候、在他一个人出神的时候,他的神经突触会得到修剪,有用的就保留下来,没有用的就被剪掉了。亲和的环境对于大脑的活跃度是非常重要的。

很多家庭觉得这个年龄的孩子很好管,大人只要一翻脸,孩子就乖了,但是翻脸这种情况对于这个年龄的孩子大脑的伤害是最严重的。人的大脑前额叶皮质是掌管人类之所以为人的部分,人能够拥有语言、想象力、好奇心、自制力、理智,都是前额叶皮质的作用。

前额叶皮质有一个非常重要的特性,就是遇到压力就下线。就像很多人上了一天的班,觉得很累,回到了家里,就会忍不住玩手机,或者打开冰箱吃甜食。很多减肥的人，白天的时候可以非常理智地节食，但到了晚上，前额叶皮质下线了，就开始打电话叫外卖。

一个孩子经常在家里承受父母高压的管教，承受父母的吼叫，甚至承受父母体罚的时候，他的压力是非常大的。父母可能会觉得自己是逗孩子玩，又不是真打孩子，但孩子可能会吓得要死，这时候他的前额叶皮质下线，他无法具备理智和自律性，甚至会减少想象力和对艺术的感知力。

很多家长喜欢给学龄前的孩子做识字卡片，一张卡片、一张卡片地教孩子。塞利娜认为没必要这样，不用过度担心孩子学得慢，或者担心孩子学不会，需要从 a、o、e、i、u、ü 开始，或者一个字一个字地认。孩子是同时学习词语和语法的，不用刻意地回避语法问题，大人可以把整个句子念给孩子，孩子自己会整合。

我记得我儿子小时候说话说得迟，他的特点是说一句话之前要想的时间比较长，但一张口就说一句完整的话，主谓宾都是完整的，不会像别的孩子一样蹦词。因为小孩子具备理解语法的能力，也有自己的逻辑思维，大人放心地用标准、优美的语言与孩子沟通就好了。

作者归纳了儿童习得的自然法则，也是她们这次试点班收获到的经验。

### 第一条：从体验中学习

曾经有人用小白鼠做实验，就是让小白鼠走迷宫。有一组小白鼠自己走，在迷宫里不停地走错路，试了好多次，颇费周折，最后跑出了迷宫；另外一组小白鼠被放在小推车上，被引导着走出了迷宫。重新测试这两组小白鼠发现，自己跑出去的那组小白鼠能够再跑出去，被牵着跑出去的小白鼠还是出不去。

我们很多人开车时有这样的经验：总是用导航，就永远不认识路，如果把导航关了，过不了两周，附近一带的路就都熟悉了。

体验是必不可少的，孩子一定要体验，一定要不怕犯错，一定要去感受，才能够学得会。

### 第二条：他人的指导是必不可少的

看动画片是很难学会东西的。有这样一个测试：

第一组孩子，找了中文老师面对面教孩子，每天用中文跟孩子对话。

第二组孩子，把同样的中文老师的教学过程录成视频，用视频跟孩子讲中文，进行线上互动。

第三组孩子，连老师的画面都没有，直接让孩子听中文录音。

最后的结果是什么？

只有第一组孩子学会了中文。

第二组的孩子虽然瞪大了眼睛看，但他们和第三组的孩子一样，什么也没有记住。

因为只有通过和真人互动，让孩子面前有活生生的人，孩子的大脑才会得到更大的启发。

所以，一对一学习非常重要。把孩子交给屏幕，可能不但不能让孩子学会东西，还会破坏孩子的注意力，让孩子后期的学习变得更加困难。

### 第三条：混龄教学不可少

要让不同年龄的孩子相互交流，这更能培养孩子之间彼此协作、相互帮助的品格。

### 第四条：内在动力

不要用物质奖励驱动孩子。评判一个幼儿园好不好，其中很简单的一个方法，就是去看幼儿园墙上有没有小红花。很多幼儿园墙上贴着很多小红花，老师常说："今天谁做得好，我们就奖励他一朵小红花好不好？"大家说"好"，然后鼓掌。

这种幼儿园的育人方法可能并不科学，因为它让孩子丧失了内在动力。孩子表现好，孩子学习成绩好，孩子学到了什么东西觉得很棒，这本身就是一件很开心的事，已经能让孩子获得内在奖励了。

但很多家长和老师就喜欢给孩子贴小红花，或者给他们记分。我还见过很多家长特别得意，说自己在家里发明了平衡计分卡的方式给孩子计分。这都只有一个目的——试图操控孩子，希望孩子完全听自己的话。这是非常可怕的做法，不在乎教育方法正确与否，而且非常伤害孩子的大脑。

一旦这样做，孩子就会产生大量取悦家长、取悦老师的行为。他们不会觉得学习这件事情本身是好玩的，只是想得到一朵小红花，再拿多少朵小红花换一个更大的礼物。

我的孩子嘟嘟，能和我交流沟通的时候，我就对他说得很清楚："不管学什么，爸爸都不会有奖励。"我问："你知道为什么吗？"他说："我知道，学得好本身就是最大的奖励。"这就是价值观。父母一定要保护孩子的内在动力，不要用物质进行奖励。塞利娜在幼儿园要管那么多孩子，她不用物质奖励，照样管得很好。

### 第五条：犯错的重要性

要不怕犯错、不怕挑战。

为什么很多孩子怕犯错呢？因为表现好就有小红花，犯了错就没有了；也因为父母、老师等大人生气的时候，孩子有压力，当然就不敢犯错了。如果我们能够营造一个新的氛围：有人犯了错，我们只关心从错误里学到了什么，这时候孩子就会学得很快。

### 第六条：创建丰富多彩的现实世界

塞利娜的家附近有一所初中，这所学校建得整齐规范。有一次，她听到一个孩子从这所学校门口路过，问他的爸爸："爸爸，这里是一座监狱吗？"因为这所学校严格地考虑安全问题，只有操场上的两棵树还有一点活力和绿意，其他地方都呆板、没活力。当孩子问这是监狱吗，他爸爸说"不，这是一所学校"时，可想而知，孩子对上学的感受会变成什么样。

塞利娜认为，丰富多彩的真实世界远比漂亮的图片给孩子带来的生命力的感受要强烈。

要在学校营造自然的氛围，要尽可能地有绿地，尽可能地有树。塞利娜甚至都没有安排传统的体育课，她不让孩子们去跑圈，比如 4×100 米接力或者一个接一个地跨栏，她认为孩子现在根本不需要学这个，孩子需要的是爬树、追逐、跑、跳沙坑，去玩古老和自然的东西，而不是学一些体育的规范，现在没到那时候。她给孩子创造的是真实、自然的环境。

### 第七条：重返大自然的怀抱

我们现在怎么感受春天、秋天、夏天、冬天，基本上是看穿的衣服。到什么季节了？我们有没有倾听过春天的信号？当春天的信号来的时候，惊蛰打雷的时候，虫子开始活动的时候，树上的绿芽开始冒出来的时候，我们有没有去体会过、去观察过、去寻找过？

塞利娜的幼儿园里，老师会带着孩子去寻找春夏秋冬。

### 第八条：丰富而非过分堆积的环境

孩子的学习环境可以丰富，这样能够刺激大脑，但是不要堆积，不要给孩子灌输过多东西。

有一篇学术文章叫作《太多好东西是否反而有害？》，内容是研究一个孩子如果家里真的太富足、有太多的好东西，会不会让这个孩子的大脑发育产生问题。为什么太富足也会有问题呢？其实很容易理解，因为他的注意力永远是肤浅的——一个玩具刚来的时候特别兴奋，刚兴奋了一下，又来了一个很好玩的玩具，然后又来一个更好玩的玩具，所以他的整个注意力是平均分布、流于表面的，没法深入地去喜欢和欣赏。

我小时候唯一的玩具是半个左轮手枪，是我爷爷帮我从路上捡回来的。铁皮的左轮手枪，只剩下半个，我小时候就玩这个，玩到十几岁。就这么一个小玩具，但是我会特别投入地喜欢它。

### 第九条：留时间放空，允许孩子胡思乱想

塞利娜的试点班里，要是有人看到孩子一个人坐着发呆，老师不会去打断他，会给他一些空间，让他去思考。

### 第十条：睡眠至关重要，每天一定睡够10个小时

大脑的使用规律是，在人睡眠之后，大脑会重新筛选和重组信息。孩子需要充分休息，为大脑腾出空间，所以孩子一定要睡足觉，不能牺牲睡觉的时间去做题。

我见过不少孩子睡得晚。一个小学生的爸爸晚上10点多才回家，还要一直考孩子，考到晚上11点、12点，孩子都困得不行了，爸爸还发脾气，觉得自

己这么忙，还要管孩子的学习，孩子却不好好学。结果，孩子抑郁了。

### 第十一条：有意义的教学是非常重要的

塞利娜的班级要求一定要做有意义的教学活动，评判的参考是孩子会不会快乐回应，假如孩子对活动没有快乐回应，那就把这个活动取消掉。因为孩子都不愿意参与，没有给出回应，那说明活动的设计是有问题的。

### 第十二条：自由活动不可或缺

要给孩子留大量自由活动的时间。

### 第十三条：紧张感是毒药

如果原始人没有紧张感，很容易就被猛兽吃了。曾经，紧张感、焦虑、压抑都是人的自我保护能力。但是这些在孩子大脑发育的阶段绝非如此。要注意，原始人的紧张感是防备猛兽的，但现实世界中没有那么多的猛兽，现实世界中更多需要的是合作，合作的能力要比"打猛兽"的能力重要得多。如果一个人每天怀抱着"打猛兽"的心态进入职场，岂不是意味着要跟所有人对敌？

所以，原始人非常管用的紧张感，到了今天，很多时候对我们的大脑和我们的人际关系都有很大的伤害。我们需要的是放松、坦然、快乐。

当头脑有太大压力的时候，孩子就不会那么开心地学习，而如果你能够给孩子一个拥抱——拥抱容易产生催产素，催产素可以进一步触发内啡肽、多巴胺、血清素的分泌——使孩子的头脑更加放松、更加开放，孩子会更加愿意学习。

### 第十四条：保持仁爱的精神

塞利娜班上只有两个老师——她自己和安娜。安娜落实细节很到位，负责管理秩序，在班上回答孩子的问题。她们两个人照顾着27个孩子，始终保持耐心和仁爱。

当然，班上也是有纪律的。她们会帮助孩子们学会秩序和边界，学会不要打扰别人的空间。

# 毫无困难地带领孩子

塞利娜的班级教室面积有55平方米。塞利娜说，如果可能的话还可以再大一点，但是那个试点班就只有那么大的空间。

孩子们每天上学6个小时，三个年龄（3岁、4岁、5岁）的孩子在一起上课。

她们开设几何课、地理课、感官灵敏课、音乐课、语文课、数学课。在教室里布置了各种角落，比如几何角、生物角、历史角、文学角、天文角等，孩子们可以在角落里学习，角落里有道具、书。家具很矮，孩子伸手就能够得着，保证安全。

孩子们每天早上上学，来到教室门口，要自己把鞋脱掉，放在架子上，并跟老师单独问好。老师会跟每一个孩子打招呼，欢迎他们。

塞利娜曾经见过很多家长来了替孩子脱鞋，孩子很生气，会说我们都是自己脱鞋的，但是很多家长喜欢帮忙，塞利娜说不用帮忙，要让孩子自己脱鞋。脱了鞋以后，进到有地垫的教室里，他们可以很开心、很放松地玩，自由选择自己想去的地方。他们在这个教室里想坐哪儿就坐哪儿，整个教室都是他们的，可以随便坐。

她们两个老师面对27个学生，还是混龄的，怎么完成一对一教学呢？其实仔细想想很简单，就是她走到一个孩子身边，坐下来跟那个孩子聊几句，跟他沟通今天可以学什么。学数数，还是学字母，商量好了学什么之后，跟他简单讲讲。讲完以后，这个孩子就自己练习，自己开始用教具实践了。然后她再到另外一个孩子身边，一个一个地教，每一个孩子都能够得到老师一对一的教学。她会悄悄地记录孩子们的进展，会悄悄地记录每个孩子学习的状况，但是她不会让孩子看记录，不让孩子觉得有太大的压力，老师自己了解就好了。

她们还要求所有孩子各学各的，互不打扰，这样会产生超乎想象的结果，让大人们体会到孩子进步的惊喜。比如，一个 4 岁的男孩要学数数，他立了一个志向，要数到 1000。看到他摆了 200 个珠子，老师就准备好垫子，好让他能完成余下的 800 个珠子……班上的同学，有的会鼓励他，有的会陪着他，到最后，他真的实现了他的目标！

在这个班里，很多孩子做出来的成果是超过教学大纲的，超过教学大纲，比我们非得给他们上超纲的课要强得多。因为这是他们自愿的，他们愿意探索，最后会达到超乎想象的效果。

到了上午 11 点的时候，大家会团团坐。这里有个细节很重要，如果是在普通的幼儿园，我们肯定就把全部孩子都叫过来："来，孩子们都过来。"塞利娜这儿不会。如果此时，有个孩子正在投入做一件事情，她们不会一律把这个孩子叫过来，而是挨着这个做事情的孩子就近一坐，让其他小朋友过来围成圈，这个孩子忙完了自然就会过来。

大家团团坐，老师跟孩子们交流一些话题，每个孩子都可以谈自己的想法。

午睡是大家自愿的。提到午睡，我想起来自己上幼儿园的时候，睡午觉特别痛苦，阿姨在旁边说"闭上眼睛，就你还没闭眼睛，××"，我就赶紧闭着眼睛去睡觉，还必须睡着，不能翻身，不能捣乱，不能跟旁边人说话。

塞利娜这儿，孩子想睡 15 分钟就睡 15 分钟，想睡半个小时就睡半个小时，不想睡也没事。

另外，如果她们在上课过程中看到谁打瞌睡，就会立刻让他去睡。每个人的生物节律是不一样的，要保证孩子有充分的睡眠。她们不会要求孩子挺着不睡，已经睡眼惺忪了还要坚持，而是困了就睡会儿，既保证睡眠，又给孩子自由。

上集体课的时候，她们会让孩子们围成圈，给大家读一个故事，有时候还会换词来读。比如这个故事里太多生僻词，她们会换成普通的词；有比较拗口的词，她们会换成简单一点的词，用这种方式让孩子听起故事来没有太多困难。她们也会经常组织校外活动，比如参观博物馆、消防队等。

在这个班级里，孩子们获得了稳固的人际关系，大人也得到了解放。

我们现在能够理解为什么很多幼儿园的老师感觉特别忙、特别累，不用说 27 个孩子，就是管 7 个孩子来试试看，都会觉得非常累。只要有一个"管"的想法，认为要把这 7 个孩子控制好，那就会因为控制不了而觉得累。

有的幼儿园老师发脾气、打孩子，多半是因为着急了，没办法了，精力已经不济了。但是在塞利娜的班上，面对这27个孩子，大人是非常轻松的，因为大人走到孩子们身边聊两句就行了。当然，如果出现了打架，出现了纷争，塞利娜一定会制止，不能打扰别人是所有孩子要遵守的原则。如果有别的孩子需要塞利娜过来帮自己解决一个问题，那他们就要学会等待。

等待的方法如此温暖，就是当一个孩子想找老师，而老师此刻正在跟别的同学解决问题时，他可以走到老师身后，把小手搭在老师身上，老师就知道他有事找她们。但是老师当下的那件事还没处理完，孩子也不要打扰老师。

她们帮着孩子建立了很多规范，设定了很多解决问题的方式和方法，所以孩子们很从容地在这个班上学习、生活，慢慢地就不打架了，也不焦虑了。

孩子们独立、不依赖他人，还能始终保持专心。老师帮助孩子学会遵守秩序，满足集体要求，这是非常重要的能力，这些能力和今后的学习有着非常大的关系。

塞利娜认为整齐有序的空间比成绩更重要。因为整齐有序的空间代表着孩子的大脑有约束力，能够完成任务，控制好自己的生活。

她们还有很多教学辅助的工具。比如加强感知力的蒙台梭利红色木棒，红木棒有长有短，能让孩子们知道对比，感受长度。还有激发嗅觉、味觉、触觉的各种各样的教具和科学文化方面的教具，比如地球仪、地球拼板。地球拼板就是亚洲、欧洲、北美洲、南美洲等大洲的形状木板，可以放到一个大平板上让孩子们拼。还有动物的木板，让孩子们知道长颈鹿、熊猫、北极熊分别在哪儿，孩子们可以摆放，这些是与地理相关的教具。还包括几何、音乐的教具；数学方面有用于计数的红蓝数棒，以及帮助计算的小教具。

阅读和书写启蒙也是非常重要的。塞利娜强调要音、字同时学习，不需要先学发音，再学字词，而应该音、字同时学。因为孩子的大脑更适应把二者放在一起学，当音、字对应在一起的时候，孩子会更轻松，而不会不知所措。

教孩子写字的时候，要用手写体的字模，而不是用那种印刷体的字模，这样的话，手里握的笔在字模里运转，孩子会觉得更加舒畅。

大家一起学习，自由阅读，从词到句，再通过读书，慢慢地，孩子既学会了词，又学会了句子，还学会了念书。

# 关键期培养核心能力

与孩子智力发展有关的核心基础能力，有如下关键点：

1岁的孩子，有两个很重要的能力正处于敏感期，就是语言和感官。曾经有一个悲剧：在罗马尼亚，人们发现条件极差的福利院，好几个孩子挤在一张床上，长期见不到阳光，而且，一个保育员要照顾20多个孩子，根本没时间和孩子们去说话和互动。最后，这些孩子的大脑发育被严重遏制，发育水平很低。

3—5岁的时候，要注重孩子们执行力的培养。孩子们的执行力跟大人在职场中说的执行力不一样。孩子们的执行力代表着他们的记忆能力、自制力、认知灵活性。

要看一个幼儿园的孩子是不是具备足够的自制力，一个有趣的方法就是观察他画画。画画需要大量的颜料，调色板的色彩也可能乱七八糟的，当一个5岁以下的孩子能够做到画完后，把颜料、调色板都收拾好，说明他的执行力是足够的，他的大脑也具备自控力。自制力比智商更有预见性。测试一个人的智商，借以知道这个人将来会变成什么样并不靠谱，人跟人的智商本来差别没那么大，很多智商很高的人，生活却过得很糟糕。一个有独立性的孩子，还能够帮着大人做家务，给父母做帮手。

有一次，塞利娜在教室里突然听到外面有孩子发出尖叫声，她就赶紧跑出去看。她看见孩子拿着自己的鞋子在院子里跑，奶奶在后边追，奶奶说："你怎么这么不听话，把鞋子放下来。"孩子就又哭又闹，害怕奶奶抢走鞋子。

因为孩子要自己穿鞋，但是奶奶不让。塞利娜就劝奶奶说："他只是想自己穿鞋，对他来说，这很重要。"孩子天天在幼儿园里接受的训练，都是要自己解决自己的问题，但是这位奶奶不允许孩子自己解决，他反而会着急。

生活中，大人耐心地准确示范是非常重要的。孩子学一个东西的时候，刚开始学不会，有的家长就会生气、骂人，还有一类家长看到孩子不会做的时候，自己站在一旁冷嘲热讽，甚至故意给孩子增加点难度，把孩子当成小狗逗。孩子在学东西的时候，做不到会很难受，但是这类家长却会觉得很好玩。

孩子真正需要的是准确示范，大人一遍一遍地示范。比如教孩子系蝴蝶结、系鞋带，就可以一遍一遍地教，这是非常有价值的。

我儿子嘟嘟系鞋带的动作是固定的，跟他奶奶学的。他奶奶教了他一个特别好玩的系鞋带的动作，跟别的孩子都不一样，到现在十几岁了，他还用这个独特的方式。想想看，大人耐心的示范多有价值，它能够跟着孩子一辈子。

我们还要给孩子创造很多在日常生活中玩的机会。日常生活中的"玩具"有很多，孩子爱玩什么？比如擀面杖、面粉，很多孩子就爱玩；一个开瓶器，一些孩子也能玩半天；给孩子一个比较复杂的铁盒子，有的孩子会反反复复钻研怎么开盒子。日常生活中的"玩具"本身就具备让孩子学习的功能，大人要给孩子这样的学习机会。

要帮孩子学会表达和等待，当孩子不高兴的时候，大人可以教孩子反映情感，教孩子怎么说，一遍一遍耐心地示范；需要等待的时候，教孩子把手放在大人身上示意；要发言的时候，教孩子知道需要轮流进行。

大人要允许孩子有自我判断的自律性。有的大人不允许孩子这样。塞利娜有一次发现一个孩子需要帮忙，但是她正在忙，于是她请一个大孩子帮忙，没想到大孩子说："我现在正忙着，帮不了。"塞利娜觉得内心不舒服，这个孩子竟然拒绝她。她们倡导的应该是互相友爱、互相帮助。但是这个不愉快只有一瞬间。她开始观察那个孩子，发现他真的在很认真地做一些事，所以就释然了。

其实，孩子没有任何问题。过了一会儿，大孩子做完了自己的事，主动过来问她："我现在没事了，有什么任务吗？"所以，我们要允许孩子可以拒绝老师，可以拒绝家长。

我每次直播的时候，听到最多的问题就是"孩子不听话怎么办"，家长觉得孩子拒绝自己就是不听话，就是不配合。但大人应该允许孩子有自我判断，孩子是可以自律的。

要尊重孩子对于秩序的要求。孩子在家里，经常喜欢把东西按照某种顺序摆放得特别到位，比如说，"这是你的鞋，这是他的鞋，你不要穿我爸爸的鞋"等。有这样的秩序感是需要被尊重的，这也是一种学习。

给孩子更多的自由。有时候，孩子看起来什么都没学，但其实一直在学习。蒙台梭利理论很核心的一点就是提醒我们，大人的学习能力没有孩子强，成人大脑里的神经突触已经被修剪得差不多朝一个方向去了。一个人在两岁以前，听阿拉伯语、德语、法语、英语、中文，大脑反应是一样的，听阿拉伯语也觉得说得很清楚，如果那个时候学阿拉伯语，是能很快就学会的。但是随着长大，再去听其他语言，尤其是从来没学过的语言，几乎都听不清，因为这个人大脑里的神经突触认为某些音符是没用的，对自己没有帮助，早就修剪掉了。不论是放空自己，还是有自己的想法，都应该是孩子该有的权利。

我们要保护孩子不受侵害。暴力的侵害看起来只伤害了孩子外在的皮肉，但实际上也伤害了他们的大脑。因为暴力会给脑内造成极大的压力，而这个压力会分泌很多压力激素。压力激素会影响到额叶前部皮层的发育，并伤害海马体，导致孩子记忆力下降，学习能力减弱。

我曾和很多教育专家在一块儿聊天时，我提议大家一起倡导一件事：家长不要给孩子找事。很多家长天天"欺负"孩子。孩子为什么学习成绩不好、自制力弱，或者学习不专心？因为他们每天至少要分80%的精力对付自己的家长，脑子里琢磨的经常是怎么能够从家长那儿把手机偷过来，再玩一会儿，怎么能够让我爸爸不生气，怎么能够少挨一顿打。每天大脑高度紧张，孩子怎么能够学得好？

实际上，无论是法国的考试，还是中国的考试，如果一个孩子能够专注地学习，他很快就能学会并通过考试，也不会觉得很难。但如果有的家长和老师不能够让这个孩子专注地学习，而是一块儿给孩子施加压力，就会导致他的大脑受到损伤，孩子就挺不住了。

书里有作者援引卡特琳·格冈的研究发现：

"幼儿期额叶前部皮层的严重压力刺激，或将造成脑神经受损，影响大脑发育，减少脑神经元连接的新建数量。"作者认为："一个人幼年额叶前部皮层过度刺激，成年之后，面对重大难题时，他将难以控制情绪、缓解冲动、调节心理压力。脑成像显示，相比大脑发育未成熟的幼儿，具有暴力倾向、焦虑、易怒、易激动的成年人面对巨大恐惧时，额叶前部皮层的活力很弱。"

这说的就是为什么有的人长大了以后暴躁、容易失控，动不动就跟别人发火、吵架，因为他们的额叶前部皮层很弱，没有发育好。

还要小心来自心理的暴力。有的家长不打孩子，却会用语言虐待孩子，讽刺、挖苦孩子，不断地辱骂，不断地唠叨，都会对孩子的大脑造成巨大的伤害。

以前很多家长总说："我就这么严格地管，他成绩都上不来，你还敢让我放手，这对吗？"

我的回答是："你一直这么严格地管，却对他无效，不放手试试看吗？"

塞利娜用这样的方法教学，让几乎100%的孩子到了小学也能表现优秀，我们得学会让孩子的大脑放松一点。

我每次说我的孩子是怎么放松的，大家就说那是个案。事实上，我教育自己的孩子，就是完全按书里这么来的，不给他大脑施加很大的压力，他所有的功课都不用我管，所以学得很好，不费劲，也不用报班。孩子的大脑能够接受知识，课本本来就很薄，但是一旦孩子紧张、害怕、痛苦、排斥，带着愤怒的心情写作业，就会读不懂，学不会。

我们还要帮助孩子学会控制情绪、保护自己，学会回归自我。塞利娜的实验教学并不是一帆风顺的，千万不要以为这27个孩子刚到班上的时候都那么乖，都小声说话，懂得保护别人，他们刚开始的时候也会打闹。

"我们在热纳维耶启动试点班之初，当时大部分孩子执行力滞后，记忆力、自控力和专注力都很差，稍微有一点干扰就分心，难以坚持到底。但是试点班的日常运作就是基于孩子们的独立学习，所以他们的执行力欠缺显得格外明显。没有由大人指定、主导的课堂活动设定的条条框框，没有指令，也没有严苛的作息时间……没有外部规则规定每个人的一举一动，孩子们仿佛失去舵手的小船迎着起伏的波涛碰撞、受伤。他们在混乱中相互锻炼，挑衅、吵闹、争斗、打坏教具（或偷走教具），这一幕幕每天都能在教室里看到。我们大人放弃了曾经用力维持、'掌控'孩子一整天的课堂规则，于是，教室里'天下大乱'。我们不得不面对现实，而且这现实不是一件轻松事。"

大人需要用耐心、友善一点点地帮助孩子，一点点地化解矛盾，教孩子怎么样好好说话，教孩子怎么样有耐心，教孩子怎么样对别人释放善意的信号。

"渐渐地，我们终于帮孩子们渡过难关，而且我必须承认，这一路多是艰难的挑战。

"他们的性格逐渐得到改变。他们学会了控制肢体动作，有礼有节；照顾自己，照顾同学，善于交往；性情温和、大方、和善。我们甚至可以看到他们的身体更健康，每个人都更加神采奕奕。"

有一天，一个妈妈冲到学校里来，特别夸张地跟塞利娜说："你们对我的孩子做了什么？"塞利娜说："怎么了，孩子怎么了？"这位妈妈说："他为什么变得这么彬彬有礼，变得这么开朗？他跟我们说的话怎么变得这么多？你们到底对他做了什么，我们试过那么多次努力都不管用，你们怎么做到的？"就因孩子会变成这样，家长才觉得极其诧异。

孩子是怎么学会对别人释放善意的？很简单，孩子的学习过程是看别人怎么做事，当一个孩子被充分用善意、公平、理解、信任对待的时候，他就能够学会这样对待别人。

当我们理解了人的大脑是怎么回事后，就能够正确地对待孩子，一切都不难。

## 用爱支持孩子的社交意愿

书里有一章的标题叫作"秘诀就是爱"。

人际关系是非常重要的。哈佛大学做过一个长达75年的跟踪实验，跟踪了724个人的一生，年复一年了解他们的工作、家庭和健康状况，只想知道到底是什么让人保持健康和快乐。经过了75年，结论毋庸置疑，不论一个人是富有还是贫穷，不论是否事业有成、身体健康，最后的结论只有一句话："良好的人际关系让人更快乐、更健康。"一个人就算再富有，但天天跟人打架，总是提防别人算计自己，自己还要算计别人，就高兴不了。但是如果一个人能够开开心心的，有可信赖的良好人际关系，他就会因此快乐和平安。

一个孩子，我们先要让他建立对大人的依赖感，但不是依赖。依赖感就是孩子知道"我爸靠得住，我妈靠得住，我们老师靠得住，有事我们老师一定会帮忙"。孩子会觉得特别有安全感，但它并不是依赖，依赖是"我希望得到老师对我的肯定，我希望老师能够怎么怎么样"。

有一次，另一位老师出于好心，帮塞利娜批改作业，她在一张作业纸上写了"加油，很棒！"这么一个评语，这让塞利娜非常不高兴。她想，自己好不容易让这个作业的主人能够欣赏自己，懂得自己内在的价值，老师高高在上地给孩子写这样的评语，可能会让孩子丧失内在动力、内在的自我满足感、内在的自我欣赏感。

一个孩子不需要"我们老师说我很棒"这样的评价，每个人的价值不是依赖于这些评价的。

依赖感、安全感能够让人愉悦，并且能够让孩子更懂得感同身受，当一个孩子被别人善待过，他也更能够感同身受地去对待别人。

最可怕的事是在班上对孩子进行分离和孤立，分离和孤立会遏制儿童头脑的发展。爱并不是生存的奢侈品，爱是生存的必需品，一个人的头脑要健康地发育，是需要爱来滋养的。

我见过很多家长发表感慨说："我不抱你的时候，我要'搬砖'，我'搬砖'的时候就不能抱你，所以，对不起，咱们家现在只能够选择生存，别谈那么奢侈的事。"其实不是这样，家里有爱更利于生存，有爱才能够使亲子关系变得更好，使孩子头脑更加活跃，孩子学习才能够变得更轻松、更愉快。

如果一个孩子能够被大家善待，能够被大家尊重他的自然天性，他就能学会随和、大方、自信、独立、慷慨。这些品质都是我们最渴望在一个成年人身上感受到的。如果一个成年人能够做到随和、大方、自信、独立、慷慨，他一定是一个很受人欢迎的成年人。其实这些品质在一个人还是孩子的时候就已经可以做到了，但是很多大人经常会遏制孩子的这些品质，让孩子在大人面前不得不撒泼打滚、恳求、不讲理、欺骗，或者谄媚，因为这些大人跟孩子是相互控制的关系，而不是爱的关系。

此外，支持孩子表达良好的社交意愿。孩子具备内在的同情能力，孩子的天性是很善良的。有一个小视频特别有意思，一个爸爸在职场中可能受到一些挫折，感觉很累、很疲倦，回到家里往沙发上一躺，很痛苦、很难受的样子。他两岁的孩子跑去打开药箱，拿了一摞创可贴出来，撕开，给他爸爸身上贴创可贴，因为他觉得爸爸受伤了。孩子的内心是非常柔软的，是希望能够无私奉献的。

还有一个关于分享的实验。实验人员给了孩子们很多糖果，观察这些孩子是在分糖果的时候更开心，还是在要糖果的时候更开心。结果发现，孩子们把糖果分给别人的时候更开心、更高兴，会咯咯笑。孩子们有一种无私的天性。

很多孩子的社交能力被遏制，原因就是家长的错误示范。有的父母对自己的孩子毫无耐心地大喊大叫，或者拎着孩子甩来甩去，甚至是在公众场合也这样。原因是他们觉得孩子的行为丢脸，觉得如果自己不狠狠地教训孩子，别人会觉得是他们不管孩子，所以对孩子很凶，这只是为了自己的面子，但是孩子的社交意愿、社交能力会因此被遏制。

综合以上，要切记，在所有的教学过程中，"胡萝卜加大棒"都是不可行的，那只能驯马、驯狗，因为很多动物的大脑没有人类这么复杂的额叶前部皮层。人不一样，人跟马和牛是完全不一样的，因为人需要有自发性，需要有创造力，人不是一个靠条件反射就能够控制的生物。如果一个人仅靠条件反射就能够控制，就能够行动，那么这个人所能够完成的工作，就只是简单的机械化工作。

一个人有创造力、有爱、有热情、有享受的能力，这是因为他的额叶前部皮层是发达的，所以父母不能用简单粗暴的两极化的办法来对待孩子。

书中有这样一个标题：为了让大家学会在一起共同生活而共同生活。塞利娜班级里的成员是混龄的，老师、助教和同学们，像一家人一样天天生活在一起。所有的孩子将来要面对的就是共同生活。后来这个班的孩子们毕业了以后，升入普通的学校都特别舍不得，因为孩子们习惯了跟这些人一起待在教室里——友善，没有暴力，没有人说脏话，这么一个非常美好的环境。

塞利娜和很多家长曾经很担心，万一他们的孩子不能够适应小学的新环境怎么办。例如，孩子在这儿这么美好，等到了那儿看到有人打架，适应不了怎么办？后来他们观察这些上了正常小学的孩子，发现孩子们的适应能力比一般孩子强得多。真正能够让你更容易适应各个环境的，是你有一个发达的大脑，情商更高，更容易交到好朋友，更容易通过友善的方式化解矛盾。塞利娜班级的孩子们，有时候会聚在一起玩，大家很友爱、很开心。

我的孩子嘟嘟成长的家庭环境，就是一个友善的环境。我从来没有跟他大声说过一次话，全家人不会冲他吼，也不会骂他，所以他上了小学以后，我们说是"扔到真实的世界里去了"。结果他如鱼得水，朋友很多，从小学到现在上高中了，依然开开心心的，到处都能交到朋友，因为他的适应能力很强。

我们要去理解那些在人际关系中出问题的孩子，他们往往是在家里就要和父母斗争的，所以到了班上他们不懂得协调，事态控制不了就只能服软、难受，这会给孩子带来巨大的人际交往的社会压力。他们的背后往往是这样的家长：喜欢用控制的手法和孩子相处，喜欢用小恩小惠，比如贴小纸条、送五角星等手段奖励，抑或是考得好了买鞋……孩子没有学会正常的交往、正常的沟通，是非常可惜的一件事。

"秘诀就是爱"，看完这本书，其实我们不用要求别人都要改变，我们每个人自己就是父母，我们自己也可以成为老师，能够影响我们身边的孩子。哪怕我们的孩子已经长大了，我们还可以影响你目力所及的孩子。

　　还可以从另一个角度想想看：在各个公司里，有没有那种叛逆的、很难管的员工？有没有可能是他们欠缺让他们的大脑放松的机会？他们虽然已经长大了，虽然错过了关键期，可能学得慢一点，但是我们也得知道，只有让他们的大脑感受到的压力变小，他们才可能做出有创造性的事。

　　我特别希望《儿童自然法则》能够被更多的人学习，希望你有机会能把这本书介绍给更多人，帮助更多需要学习的家长和痛苦着的需要改变的家庭。

# 09

# 考试脑科学：
# 会学习还要会考试

《考试脑科学：脑科学中的高效记忆法》是新疆一所著名高中的校长经过层层传递交给我的，他希望我能把这本书分享出来，他认为这本书有可能帮更多的中学生朋友提高考试成绩。

虽然我不觉得考试是人生当中最重要的事，但把考试这件事做好，对很多人的幸福是有很大影响的。

我读完这本书以后，深刻感受到这本书能让我有理有据地解释：为什么有人读了书能记住书里的内容，有的人就是记不住。

原因其实都在《考试脑科学：脑科学中的高效记忆法》中。这本书已经做了非常透彻的研究。我们学这本书最大的好处就是，理解究竟应该怎么使用我们的大脑。

对大脑乱来是不行的，大脑一定有它的规律，符合规律，才能够找到相应有效的学习方法。

## 骗得过海马体，你就赢了

《考试脑科学：脑科学中的高效记忆法》的作者是一位脑科学的博士，他被称作"海马体博士"，因为他专门研究大脑里的海马体。

他在这本书里非常轻松、幽默地给我们讲解了大脑的结构。

从科学的角度来看，什么是记忆？记忆就是新神经回路的形成。

从物理上来说，我们甚至已经能够用现在的技术，在大脑当中看到记忆的痕迹。

我们把整个大脑想象成一座城市，住宅就是神经元；住宅和住宅之间的道路叫作神经纤维；它们所形成的社区叫作神经回路。

一个人的大脑当中形成了多少有效的神经回路，就好比形成了多少有效的"住宅区"，也就是他记忆的东西有多少。

我们可以用一个比喻来了解我们的大脑和计算机之间的关系。计算机里有处理器，也有内存。如果想把一个东西长期地存在我们的计算机里，那就得让它存在硬盘里，也就是存在内存里；如果我们想临时处理它，就拿到中央处理器里来处理。所以，中央处理器负责的是临时处理，硬盘负责的是长期存储。我们的大脑也有这样两个部分，我们从外界摄入的这些信息，比如说今天看到的东西、说的话、摸到的东西、获得的感受……都在临时处理器里。

最后，我们需要把这些存在长期记忆的地方，即相当于我们计算机里硬盘的部分——大脑皮质。在短期的处理区域和大脑皮质之间，有一个把关的海马体。海马体负责筛选，如果它认为这个信息值得放在长期记忆的地方，就存下来；如果不值得放，就搁在一边，人慢慢就忘记了。

那么，大脑会把什么东西放在长期记忆的地方？

原则其实很简单，只有一个：这件事是不是对生存有不可或缺的意义。一个人的大脑判断一个东西要不要被长期记住，就是看这个东西跟生老病死有没有关系，跟生活的危险有没有关系，能不能让这个人更好地活下去。

所以，一个孩子如果在小时候不小心摸了暖气片，被烫了一下，就再不用大人教他，他这一辈子都记得不能再碰这个东西，凡是长成暖气片那个样子的东西，也都会小心一点。因为它跟疼痛有关，跟生老病死有关。

这样对比起来，汉代建立于哪一年、李世民是哪一年当上皇帝的、一个英文单词怎么拼，这样的信息就显得特别无聊，可能完全不能够在海马体这里过关。这就是人们的大脑不容易记住这类知识的重要原因。

海马体非常严格，它就要不断地筛选：这个事能记住，那个事不能记住。

所以，怎么才能够让那些跟生老病死无关的知识进入我们的"硬盘"，进入大脑皮质里，成为长期记忆呢？

唯一的办法就是"欺骗"海马体。你得把考试要用的这些与生老病死无关的信息伪装成跟我们的生死存亡有关的信息，然后去试探海马体。

直到它有一天做出了错误的判断，说"好吧，这个事看样子很重要，就放进来吧"。

"欺骗"海马体的第一个有效的方法——一次一次地重复。

想象一下，有一个很严格的海马体站在关口。第一次来了一个信息，它说不行，不过关。第二次，这个信息又来了，还是不行。第三次，还是不行……突然有一天，海马体会想，为什么这条信息天天来，它是不是与生死存亡有关？

它产生了一瞬间的含糊，误以为总来的这个信息，说不定就是重要的信息，就有可能会让它过关。

人脑不是匀速忘记信息的。最容易忘记的时间，恰巧是刚刚记住的时候。在记住信息的4个小时以内，我们会一口气忘记大约一半的内容。在此之后，剩余的记忆却能维持较长的时间，就有可能慢慢地变成长期记忆。它们是逐渐被遗忘的。

当一次记忆逐渐地慢慢被遗忘的时候，我们应该怎么办呢？那就多来几次。当你能够找到合理的节奏，让它多来几次的时候，你就实现了记忆的效果。

结合我自己的经验来看，读完一本书，有可能过了很长时间我才想起来去写这本书的笔记，准备给大家分享。有时候我会觉得完了，离上一次看书的时间太久了，我是不是都忘了？

但是，当我再次翻起这本书，重新做笔记的时候，就发现这比理解一本新书要快得多。原因就是我读过一遍，头脑当中那些不能被我马上回忆起来的东西，依然存在记忆的痕迹。

所以从这里能够看出反复地学习——也就是复习——有多重要了。

复习可以降低我们忘记知识的速度，是真实有效的。

在学习的过程当中复习是一件十分重要的事，因为没有复习就没有记忆。所以结合海马体的特性，作者给大家整理出来一个复习的节奏，我认为这个节奏对于每个人来讲，都非常重要。

第一次复习：应该是在学习后的第二天。

第二次复习：在第一次复习一周后。

第三次复习：在第二次复习两周后。

第四次复习：在第三次复习一个月后。

有一个非常重要的比对：到底是临时突击更好，还是分散开来学习更好？在学习后的第二天，再一周后、两周后复习，这样的节奏，就是分散开来学习。

作者做了这样的测试，得出的结论是什么呢？

在考试成绩方面，短期突击可能跟分散学习的效果差不多。为了通过考试短期突击一下，有的人是能够考得还不错。但是过一周或者过两周后再测试一次，短期突击的人差不多忘光了，长期记忆的人却能够记得很牢。

原因是知识经过了四次重复的复习以后，形成了长期记忆，它通过了海马体的考验，被认为是跟生死存亡有关的信息，然后记录在了"硬盘"里。

大学期间，有的学科我平常不怎么学，等到考试前，还剩两三天的时候突击复习，会考60分或者70分，而且考完以后很快就忘记。这也解释了为什么考试的时候自己做对的题，后来可能都忘了。

我们学习知识，是为了通过一次期末考试，还是为了以后我们能够用得上？答案多半是后者。尤其是高中阶段所学的知识，到最后都要经过高考的检验，所以一定是分散学习的效果更好。即便是大学里突击学习的知识，实际上很多人也希望它能够被长期记住，能够陪伴人们很长时间，成为自己的知识。但是很遗憾，对于一些人来讲，这些事都成了过眼云烟，学完之后就忘了。

我们知道了复习的重要性，这里要提醒大家，潜在记忆的保存时间大概是一个月。

复习什么时候效果好？作者说一个月之内是一定要复习的。最好能够按照我刚刚讲的节奏来复习：第二天、一周以后、两周以后。最次也得在一个月之内有一次复习，这样才能调动头脑当中的潜在记忆，让其保存下来。

作者一再强调学习不能乱来，有很多孩子觉得明天要考试，今天拼了，晚上不睡觉，头悬梁、锥刺股。这种乱来只会使大脑变得越来越混乱。如果大量信息突然之间涌入，会使我们的遗忘变得更快。

千万不要试图猛地突击一下就想融会贯通，而是应该尽量把这些知识分散在不同的时间里。

作者建议选参考书的时候只选定一本，根据这本参考书好好地复习，把它一遍一遍地理解，经过四五次的复习之后彻底掌握。如果总是跳着同时看几本参考书，那每次学的东西很有可能都是新的，这更难形成长期记忆。所以不用去羡慕别人用了多少种完全不同的参考书，用自己那本就好了。

我们的大脑更重视输出，胜过重视输入。

有这样一个测试，让很多学生背单词，背的是斯瓦希里语。斯瓦希里语是特别生僻的一种语言。

第一组学生每次考完了以后要把40个单词全部背一遍；

第二组学生每次考完以后只背错的单词，再考全部的单词；

第三组学生每次考完要背40个单词，再考错的单词；

第四组学生是每次考完只背错的单词，再只考错的单词。

哪一组学生的学习效果好？

一周后再测试发现，第一组和第二组的成绩在80分左右，第三组和第四组的成绩在 35 分左右。

我们在上学的时候,老师经常会说把错题都改了,就相当于只纠错的部分。但是真正的考试不只考我们上次错的那部分,考试要考全部。考试就是输出。每天背诵是输入,拿笔去写字、答题是输出。

人的大脑更重视输出。在输出的方面考的东西,才是大脑真的会记住的核心要素。

一个人如果在考场上想不起来一个知识点,他的海马体就会有一种感觉,觉得这件事就是关乎生死存亡的,因为它很重要,但是它记不住,这有可能帮这个人在以后将这个知识点记得更牢。

## 好奇 + 激动 = 记忆魔法

一个人的大脑当中形成了长期记忆以后，会产生一个东西，叫作 LTP（long-term potentiation），含义是长时程增强。

当海马体的神经元出现了 LTP 这种现象的时候，就代表产生了长期记忆。这是通过对大脑的观测能够看得到的，作者把 LTP 叫作记忆之源。

让头脑中产生大量的 LTP，就能够有效地让我们更多地记住东西。人的大脑容量其实都差不多，我们经常说谁也不比谁笨多少，就是指大脑容量都差不多。但是有人记东西就是比其他人记得快。

我过去没法解释很多人的提问：为什么你读书能记住，我读书怎么就记不住呢？我答不上来的时候，就说那你多读几遍不就行了吗？这个回答的有效性，在于只提到了反复、重复的作用，但实际上秘诀在于——我的大脑可能更容易产生很多的 LTP。

产生 LTP 的特点是什么？作者说，我们只知道大脑会有 α 波和 β 波，不知道还有一种 θ 波。

θ 波是好奇心的象征，当好奇心出现的时候，即使刺激海马体的次数很少，也能产生 LTP。

过去心理学家是怎么了解到 LTP 的？用一个微小的电极去刺激人们大脑当中的海马体，电信号只要一出来，就能看到 LTP 在增加。如果我们大脑当中没有这样的电信号刺激，没有反复地不断地输入的话，LTP 就不会增加。为什么有人的 LTP 出现得比别人快？原因是他们的大脑当中的 θ 波出现的次数多。能有多大差别呢？有 θ 波，学一次就记住了，没有 θ 波，有可能需要学十次才记住。

核心在于感兴趣会让你记得更牢。在《列奥纳多·达·芬奇传》这本书中，我们知道晚年的达·芬奇还在研究啄木鸟的舌头，他终日沉浸在对自然的探索中，记性就会特别好。因为他做那些事不是被逼的，不是痛苦的，他是怀着好奇在了解这个世界。

在孩子3岁以前，教他们认知世界时，基本上都是"一遍过"。大人根本不需要对一个孩子重复说"这叫什么，那叫什么"，他也能记住。因为在孩子的大脑当中，整个世界是完全新鲜的。

我看书能够记住的原因是：好奇。我觉得太有意思了。虽然我现在不需要考试，但是我觉得能记忆是一件很美妙的事，我就更容易记住知识。

很多人记不住，是因为他们记忆是为了必须记住，不是为了获得美好的感觉，而是害怕丢脸，是生气"凭什么别人能记住，自己却记不住，要赌一口气"。用这样的思想去学东西，没有好奇心，只有痛苦，只有自己给自己不断施加的压力，这样更不容易学会。

作者跟日本的高中生讲：千万不要随便说"好无聊啊"。漫画里经常能够看到这样的画面，日本高中生会说"好无聊啊"。如果一个孩子学习的时候整天说"好无聊，好没意思"，就真的记不住所学的知识。

我高中时最差的是政治，高考时只考了52分。因为我心中有一种排斥心理，觉得这个学科怎么总要背东西，没意思，就记不住。

但是如果一个孩子能够正确地看待这门课程，能够正确地看待政治，他会觉得有意思，会因好奇心去研究事情背后的原理。

一个好老师能够调动孩子的好奇心，孩子就能学得很好。好奇心一旦被调动，刺激的次数只需要正常的1/10，就能够记住知识。

达·芬奇说：正如明明没有食欲却去吃东西会对健康不利，如果没有兴趣还去学习，则有损记忆。卢梭说：人受到的教育越多，好奇心就越强。

好奇心和记忆这件事是相辅相成的。一方面好奇心增加，记忆会变得更多；另一方面，脑海当中记忆的知识越多，所产生的好奇心也会越多。

我差不多讲了10年的书了，脑海当中的神经元连接显然增加了很多，"城市""组块""小区"变得越来越多。我的大脑就像一个"大房地产开发商"，里边有很多"小区"。

"小区"多了，我感兴趣的事就变多了。我以前从来不会对物理学感兴趣，也不会对宇宙是怎么来的感兴趣，我觉得这些事跟我似乎没什么关系。

我过去对历史也不是很感兴趣，但是现在读的历史书越来越多，对哲学也越来越感兴趣，甚至对生物学也起了兴趣。

脑子里的知识越多，兴趣真的会变得越多。

这是非常重要的一个知识点，θ 波。我们的头脑当中产生好奇心，才能够使我们更容易记住很多事情。

第二个骗过海马体的方法很有意思——如果能够激活杏仁核，就更容易记住一些东西。

杏仁核就是让我们情绪很激动的一个部分。只要跟生老病死有关的东西，一定会引起我们的情绪激动。我们的大脑有时候分不清某件事到底是跟生老病死有关，还是它只是单纯地引起了我们的情绪激动。

人生当中情绪激动的时刻很难被忘记。人们可以轻松回忆起初恋；第一次分手的状况；第一次离开家，爸妈送你上站台的样子；上小学跟同学打架气哭了的样子……只要有剧烈的情绪起伏，记忆往往都很深刻，都能够成为长期记忆。原因就在于海马体周围的神经元聚集组织活跃，产生了情绪。

这和学习有什么关系？如果不带任何情感地去记一些东西，我们很有可能记不住。但是如果给要记的东西加入一些情绪，加入一些想象，可能立刻就记住了，比如，一般人很难记住 1815 年拿破仑被流放到圣赫勒拿岛。

这也戳中我的痛点了。我以前看过《拿破仑传》，但如果有人问我，拿破仑是哪一年被流放到圣赫勒拿岛的，我答不上来。

1815 是这么平淡无奇的数字。但是作者说，我们可以这样想象：拿破仑身为一代枭雄，被人赶下了权力舞台。他是一个革命者，他认为他对法国负有很大的责任。他的帽子歪在一边，非常落魄，在凄风苦雨当中，一行人流放到圣赫勒拿岛。带着这种情绪，去感受拿破仑当时的遭遇，那种委屈、那种愤怒……记住，那是 1815 年，他被流放到了圣赫勒拿岛。

神奇的是，我看到这段文字之后，就一直没有忘记"1815"这个数字，它非常清晰地刻在我脑海中。

有一天我和嘟嘟一起试验，我说嘟嘟，我教你一招，你想象一下拿破仑流放圣赫勒拿岛，多惨，讲完了以后，嘟嘟说："怪了，我记住了 1815 这个数字了。"这就是情绪的好处。

情绪会给我们带来节点性的感觉。

为什么我们能记住公元前 221 年秦统一六国？因为这件事让我们产生了情绪的起伏，中国终于成为大一统的国家，秦始皇站在那儿，千古一帝……引起情绪的信息会让人记住。

作者讲得特别有意思。他说，对着教科书上的内容伤感流泪简直就像是傻瓜一样的行为。其实，我们不需要非得流眼泪，但可以去想象那个场景，可以有一点代入感。让杏仁核周边的神经元得到刺激，产生情绪，杏仁核很容易把它判断为跟生死存亡有关的东西，从而把它留在长期记忆当中。

我们还要知道的是 LTP 的产生怕什么。

这一点要跟所有的家长讲一句：LTP 怕压力！

当外在的压力极大的时候，LTP 就会被抑制，孩子的记忆力就会下降。

为什么一个孩子在家里看到父母天天大声吵架，成绩就会大幅下滑，原因就是父母吵架会导致孩子的压力增高，记不住东西。

还有的父母会给孩子施加特别大的压力，不断地威胁孩子，比如说考试考不好就没用了，孩子就没办法生活了，这时候，孩子的成绩反而可能会下降。

我们家有一位长辈，他参加了四次高考，四次都没有考过，最后没有上大学，这成为家族里的一个伤痛。

我有一次跟这位长辈聊天，问起他为什么老考不上，他说压力太大了，每次去考试的时候总是紧张得要死。他的模拟考试成绩总是很好，但是一上考场头脑一蒙，知识完全忘光了，所以四次都没考过。

一到考场就晕，实际上是因为外在压力过大，抑制了 LTP 的产生，导致记不住任何东西。

# 打造超强大脑的方法

作者将增强大脑记忆力的一个方法称为：狮子记忆法。

哺乳动物在什么时候会调动记忆、什么时候学习能力最强？

人跟狮子都是哺乳动物，想想狮子是怎么捕猎的，对于增强记忆能有很大的帮助。

狮子记忆法有三个有效因素。

### 第一个因素：饥饿

狮子在饿的时候，大脑马上会变得特别活跃，因为它要识别什么东西能吃、什么东西不能吃。人也是一样。因为饥饿产生的激素会刺激海马体，从而产生LTP，这与用电极去刺激海马体是一样的。

让孩子背诵知识最有效的时间是在饭前。很多父母都把这个方法用反了，看到孩子回家就说："先休息一下吧，先玩吧。"晚饭前最饿的时段，让孩子看电视、玩游戏。其实，饿的时候是孩子记忆力强的时机，可以让孩子在开饭前背古诗、背英语单词。

什么时候玩呢？吃饱了饭以后，人体需要消化大量的食物，如果此时让孩子去学习、背单词，他们记忆起来相对是吃力的，而且又很累，搞不好还会胃疼。所以，这时候应该让孩子休息一会儿，看看书。

### 第二个因素：走动

狮子捕食的时候要来回走。孩子在走动的时候，也容易增加记忆。有很多掌握了学习方法的孩子，通常都会早上起来边走动边背单词。

作者提醒我们，哪怕不是在走路，而是在公交车上坐着晃的时候，也都有助于记忆。比如，放学、上学的路上坐地铁，或者搭乘其他交通工具的时候，坐在那儿晃动的过程，你像狮子一样在"觅食"，背诵效果就会很好。

### 第三个因素：寒冷

狮子在寒冷的时候有生存危机，更容易记忆。

父母不要把孩子的房间搞得特别暖和，又是开暖气，又是贴暖宝宝，脚底下再泡盆热水，孩子坐那儿，可能一会儿就睡着了。

要让孩子稍微有点冷，别做全方位的"加热"，冷的时候多披件衣服即可。这种稍微有点冷的感觉，是能够刺激大脑更强地记忆的。

想要提升大脑的记忆能力，作者用一章写了一件重要的事情，那就是睡眠。

睡眠是记忆的重要因素。梦就是记忆的回放。

有人说梦是乱来的，梦怎么会是记忆的回放？我们想想看，为什么我们做梦的时候，不去说希腊语呢？这不可能是因为我们没学过希腊语，根本不知道希腊语是怎么说的。有人说那为什么我梦到自己会飞呢？那是因为我们见过飞行的场景，看过"超人"在天上飞，所以才会有这种飞行的梦。

梦是记忆的回放，人在睡着的时候海马体还在工作。

千万不要觉得我们的大脑需要休息，人的大脑有一个特别大的特点，就是不需要休息。人在睡觉的时候大脑很活跃，一直在动，我们没法直接让我们的大脑放松、休息、放空。

我们平常学习学累了休息，都是休息眼睛、休息背、休息胳膊，休息这些器官、肌肉。但是人的大脑很奇怪，大脑的能量是持续的。哪怕我们睡着了，大脑也在运转。

睡着的时候海马体在工作，它会整理这一天当中所学到的东西。如果海马体来不及整理，它就会把那些东西抛掉不要了。

关于这一点，我们在生活中可以体会得到。比如，昨天晚上通宵学习，第二天醒来的时候，总觉得自己记性不好，有个事忘了，想不起来了。如果连着两天不睡觉，忘记的东西会更多。因为海马体来不及整理，它就判定为不重要，扔掉了很多信息。

犹太人认为：学习就是好好睡觉。犹太人特别重视孩子睡觉的时间。作者的原话是："在你好好睡觉的时候，期待你的海马体大显身手，这个过程叫作记忆恢复。"

我们误以为，一个知识学完了立刻考，答的正确率更高，实际上是学完了以后，睡一觉再考，正确率更高。因为人在睡觉的时候，海马体依然在工作，这个过程能够使得记忆得到整理。

有人压力大了以后会失眠，很多失眠所造成的痛苦，来自对于失眠的焦虑，这种焦虑会导致人第二天萎靡不振。作者说不要害怕失眠，失眠的时候最有效的办法就是闭上眼睛躺在那儿。这时，大脑依然在整理，海马体依然在工作，只要别再增加输入就行了。

所以，人在真正睡不着觉的时候，只要闭上眼睛，安安静静地躺着，效果跟睡眠差不了太多。

综上所述，我们来整理一下学习的节律，就知道怎样安排时间是对我们的大脑最友善、最科学的方法：

第一，饭前处于饥饿状态时适合学习。

第二，睡觉前也是学习的黄金期。

第三，早饭或晚饭后处于饱腹状态时，不学习也不要紧，可以读课外书、看电视，或者玩游戏，做一些自己感兴趣的事，可以让我们的生活更加丰富多彩。

第四，午后如果实在困得坚持不住，不妨睡个午觉，不要有什么顾虑。

第五，如果早就决定要睡午觉，那么应该在午睡前的那段时间内抓紧学习，午睡的整理时间也不要错过。

睡觉前非常适合学习那些需要记忆的科目，比如地理、历史、生物，或者背诵英语单词。上午可以说是人一天之中最清醒的时间，用来学习对逻辑思维能力要求比较高的科目更好，比如数学、语文、物理、化学。

作者给大家列出了一张表：

早上 7 点钟起床以后做计算题，学语文、物理、化学、数学。

中午是记忆的黄金时间，注意午睡。

下午学物理、化学，写点小论文。

19点到21点是自由时间。

21点到23点，学历史、地理、生物、英语单词。

23点一定要睡觉。

关于睡多长时间，过去有一种说法是青少年至少要睡8个小时，作者说因人而异，有的人睡五六个小时就够了，有的人睡的时间长一点。我个人建议还是让孩子睡够8个小时比较好。

这就是关于学习和睡眠的节律。有人问学霸的作息时间表值不值得借鉴，其实如果这个学霸真的有巧劲，了解脑科学的方法的话，他的时间表就是有道理的。

人类大脑的一个最大的特点，就是它有模糊性。

计算机最让我们羡慕的地方就在于它记住了不会忘，也不会错。人脸识别只要准确地识别了一般就不会错，但人经常认错人，甚至经常会做很多迷迷糊糊的事。

为什么我们的大脑会设计得这么模糊呢？这里有一个非常重要的机制，就是大脑采用的是排除法，是通过自我纠正，一步一步地越做越好的，这对我们的生命是有帮助的。

假如你的大脑和计算机一样，输入了就不会变，而且很精确的话，有一天，被一只狮子咬了一口，狮口逃生，你脑子里记住了狮子很危险。第二天见到老虎，觉得老虎跟狮子不一样，然后可能又会被老虎咬——因为你没有模糊的记忆，只有精确的记忆。

其实，人的特点是今天被狮子咬了，下次见到一个玩具狮子都可能会害怕，这样你才能够保护自己。

吃东西也一样。遇到饥荒的时候，人类可以寻找所有跟食物比较像的东西来吃，这样才度过了人类历史上那么多残酷的饥荒。

人的大脑的特点更有利于生存，它没有计算机那么精确是有好处的。

排除法学习最重要的两个要素，第一善于反省，第二保持乐观。

为什么善于反省和保持乐观很重要？当一个人模糊地学到了一件事，就要经常反思，这件事跟那件事有什么不同，能不能从中学到一个新的知识。为什么要保持这样的反思？因为乐观，相信自己能够让自己越学越好。

有个实验特别有意思：教一只小狗区分圆形和三角形。

小狗看到屏幕出现三角形，摁下开关，什么食物也没有得到。只有屏幕出现圆形的时候，实验人员才给小狗食物。于是小狗开始无视三角形，只在圆形出现时有反应。最后这只小狗被训练得能够区分椭圆和圆形。

如果让这只小狗一开始就要分得清椭圆和圆形的区别才能得到骨头的话，它可能一辈子都学不会这件事了。

这个实验的原理就是因为哺乳动物的大脑有模糊性地学习，再一点点地理解细微区别，最好找到更有利于生存的方法的功能。

作者为什么要跟大家讲大脑的学习机制？

"人脑不仅健忘，而且很难做出准确的判断，因此经常会得出错误的答案……

"与计算机相同，在人脑的神经回路中传递的也是电信号，只不过计算机通过电流传递信号，而人脑神经通过钠离子来传递信号。由于二者都传递数字信号，所以在传递过程中，从信号源发出的信息不会发生任何变化，在这一点上二者是相同的。

"接下来要讲的是二者的不同之处了。人类的神经元通过神经纤维形成回路，但各个神经纤维之间并没有物理性的接触。与电路不同，神经回路并不是一个紧密相连的整体，纤维与纤维之间存在着微小的间隙。因此必须通过'换乘'，才能使电信号传递到下一个神经元。就像我们乘坐电车从札幌到博多，但是由于没有直达列车，所以必须在中途换乘一样。

"在神经回路中，这个换乘站就叫作'突触'。虽然突触与突触间的间隙很小，只有头发丝的 1/5000，但这样微小的间隙，还是会导致电信号无法传递下去。

"电信号在这个间隙中通过乙酰胆碱或谷氨酸等化学物质进行转换（电信号—化学信号—电信号），从而完成信息的交接。交接之后，如果电信号比较弱，那么就意味着电信号的'翻译'转换过程中，化学物质释放量很少。因为突触传递的是模拟信号，而非数字信号。

"实际上，人脑之所以与计算机不同，正在于它能够对传递信号的强度进行微妙调整。人脑神经回路中的信息传递，不会像接力跑运动员那样，在接到接力棒以后，只是单纯地把接力棒传递下去，而是可以自由地调整所传递的信息量，这就是'思考'的源泉。"我们的大脑记一个数字，有时候会根据我们的回忆把它夸大，或者减小。你印象中觉得那个数字好大，其实那可能是20世纪80年代的数字，20世纪80年代觉得几十块钱好多，今天回忆起来可能就像几千块钱，这就是头脑当中的思考会给它带来的变化。

"但另一方面，使用模拟信号意味着信息可能发生变化，也就是会变得模糊。

"正因为人脑具有这样的特质，所以要想得到正确答案，我们就必须反复摸索尝试。失败之后思考失败的原因，并思考下一次的应对策略，然后再次失败……如此循环往复多次。

"人脑更擅长使用'排除法'……在自然环境下，动物永远无法预测接下来等待它们的是什么。面对未知复杂的环境，动物采用模拟式的排除法再合理不过了。"

所以哺乳动物的大脑和计算机原理是不一样的，人类记忆力模糊，不断地犯错，却可以经由此，逐渐地变得精确。

总结一下人类的学习，有三个非常重要的要素：一、不畏失败的毅力；二、解决问题的能力；三、乐观的性格。

我们以前感觉这些内容像心灵鸡汤，但是读完了这本书，就知道它有科学依据。为什么不畏艰难的毅力很重要？因为人脑记不住东西是常态，人脑记错了、模糊了、夸张了，这是常态。这是我们的祖先在和自然做斗争的过程中获得的特质，它能够救命。

我们通过学习，一步一步让知识变得精确。比如一个完全没有打过乒乓球的人，甚至一场乒乓球赛结束后谁赢了都看不懂，那你首先要教会他的，不是怎么欣赏高水平的乒乓球比赛，而是教会他什么叫得分，规则是什么；接下来教会他什么叫发球、发球分哪几种、接球分哪几种；为什么这个球打得漂亮。这是一步一步来的。

一上来就要求一个人必须成为一个专家是不可能实现的，那是计算机才能做到的事。计算机可以瞬间成为一个专家，而人类是需要一点一点地逐渐学习的。分布式学习是人类的一个特点，先确定一个小目标，再循序渐进，就能够慢慢地从模糊到精确、从新手到大师。

所以，人们在学习的时候先不要着急，有什么东西学不会不要觉得心烦。不要着急，先从简单的学起，然后一步一步地、慢慢地学习更难的知识。

有的孩子会说"我不知道为什么，就是提不起干劲，什么也不想做"。像我有时候要写作，也懒得动笔。作者告诉我们，人的干劲来自一个叫作伏隔核的地方。伏隔核并不大，它掌管着动力，直径甚至不到1厘米。

有干劲的人，伏隔核是兴奋状态。

怎么才能让伏隔核兴奋呢？只要你开始干，就能够刺激伏隔核。在心理学上，这叫作行动兴奋。比如，你今天不想学习，怎么办呢？强迫自己开始学。学着学着就想学了。不想做作业？只要你动笔开始慢慢做，就会越做越快。

我们一定要记住：行动兴奋。当你不兴奋的时候，不要企图等待兴奋的到来，而应该通过你的行动去获得兴奋。

能力是可以互相迁移的。很多人说"樊老师，你怎么什么书都敢讲，一会儿讲心理学，一会儿讲历史，一会儿讲物理学，你胆子真够大的"。其实脑科学里面解释过：先扩大了某一学科的优势以后，学这个学科的优势能够被有效地迁移到下一个学科，这叫作能力的互相迁移。

我有一个朋友，曾经是学校的乒乓球冠军，乒乓球打得特别好。毕业20年以后我再见他，他说他现在正在打网球。他打网球也获得了全市冠军，羽毛球也是全市冠军。我就很奇怪，我问："你不是打乒乓球的吗？"他说"都一样"。这就源于能力是可以迁移的。

很多孩子偏科，只喜欢学语文，不喜欢学数学。这时候，不要责怪自己不喜欢学数学，而是先把语文学得更扎实，再用学语文的方法联系起来认真地学数学。这时，能力就会得到迁移，可能会一通百通，逐渐地各个学科都学得越来越好。

作者还提出了高级记忆的方法——一个人怎么通过记忆成为一个大师。真正的大师是不需要记忆的。下国际象棋或者围棋的大师,一个人对战一百个新手也可以从容应对!他脑子里怎么可能记住这么多棋盘?秘密就在于他根本没有靠记忆,而是在头脑当中形成了心理表征。

心理表征这个概念,简单地说,就是不用记忆就知道该怎么做了,如同一个人的自然反应。比如开车,很多人不用单独调用记忆,脑海中也不用只想着开车,也能正常开车。

高级的记忆是怎么锻炼出来的呢?

记忆分三种,第一种叫经验记忆,比如失恋、初次离家。

第二种叫知识记忆。你背下了3.1415926这样的数字,记住了化学方程式,记住了 $S=\frac{1}{2}gt^2$ 这样的公式,这叫作知识记忆。

第三种叫方法记忆,不用思考就能做的事靠的就是方法记忆。

这是人类记忆的三兄弟。三兄弟之间有一个关系,底层的是方法记忆,中间是知识记忆,上面是经验记忆,从原始到高等。

动物基本上不具备经验记忆,除大象、海豚,那是例外,而且也没有被完全证实。

一般的动物不会有经验记忆,不会记得那些事。动物很容易产生的是方法记忆,比如说,教会一只小狗去一个地方找东西,它很快就能学会,可能一辈子都忘不了。

人类也是一样。人为什么记不住3岁以前发生过的事呢?书中给了这样一个解释:一个人在3岁以前学会了那么多的东西,学会了吃饭,学会了说话,学会了拿东西,也学会了跟人互动,学会了笑,这些一辈子都忘不了的知识,属于方法记忆。为什么无法进行高等的经验记忆?因为三四岁之前,当一个人的大脑还没有发展出经验记忆的能力的时候,对人生是没有印象的。

这就是人类记忆的三个层次:最难以忘记的是方法记忆;经验记忆一旦形成也很难忘记,因为它会产生经验;最容易忘记的是知识记忆,它可有可无,有时候记住了有用,有时候记不住就没用了。

了解了记忆的三种类型,对我们有什么好处呢?

有的孩子小学时学习很好,到了中学就学不好了,原因是小学阶段,人的大脑死记硬背的能力很强，花了很大的力气去形成知识记忆，每天狂背了以后考试就能够通过。

到了中学，知识记忆能力已经开始下降了，要记的东西却变得越来越复杂。假如不去改变自己的记忆方法，一直用知识记忆的方法对付更复杂的课程，就会发现力不从心，记不住了。这就是很多小学的学霸到后来出现"伤仲永"现象的原因，其实他们不笨，只是没有找到转换记忆的方法。

如何转变记忆？应该更多地调动我们的方法记忆和经验记忆。经验记忆是比如联想、谐音、向别人讲述的方法，可以调动我们的听力；用笔写的方法能够调动我们的触觉……这些经验有助于记住。

不要过度地依赖过去的知识记忆，而应该想办法去调动一些经验记忆。3.14159叫作"山巅一寺一壶酒"，讲一个关于此的故事，把它记下来，这种方法真的能够帮我们记住很多东西。

我曾经采访过王峰，他曾是《最强大脑》的冠军。他是一个很普通的大学生，觉得自己学习成绩不好，所以决定去学一下怎么提高记忆，结果没想到真的找到了很多方法。他说记忆是有方法的，比如你要记住很长很长的一串数字，可以把这一串数字想象成一个房间，进到这个房间里面以后，门上贴着一个3，书架上贴着一个5，这边贴着一个6……把这些数字，和你脑子里想象出来的房间的格局结合在一起，画面感一呈现，很长一串数字就能够记住。

这就是把知识记忆变成经验记忆的过程。

如何形成方法记忆？

方法是在刻意练习之后，逐渐形成心理表征。心理表征带来的结果就是不用思考就能够给出答案。一个警察抓小偷，时间久了，很多时候一看就能判断出一个人是不是小偷，这和我们普通人的能力是完全不同的。

这种能力，如果想要通过知识记忆来实现，是基本不可能的，这一定是通过形成心理表征后，不知不觉形成方法记忆获得的。

方法记忆有三个特点：不知不觉，非常牢固，属于身体记忆、很难忘记。一旦你学会骑自行车，这辈子你都很难不会骑，想忘记怎么骑自行车都做不到。

所以一定要学会根据阶段改变学习方法。到了初中、高中以后，要搞清楚知识的原理和逻辑。比如说背单词，过去我背单词常用的是死记硬背的方法，长大了以后，要想记住更多的单词，应该用分析词源的方法。比如知道在一个单词里，哪几个字母来自希腊文，哪几个字母来自拉丁文，是什么意思，后缀代表什么，就能够记住特别多的单词。

作者讲真正的魔法记忆是方法记忆。所谓方法记忆，就是经过刻意练习以后，掌握了原理并且把它牢记在心。

作者记不住九九乘法表，但他也会用各种方法，从容地做所有的题。

所以记公式很重要，记住公式以后，就不需要记那么多结论了。人要想把所有的结论都记住，就全是知识记忆。如果知道了知识，知道了方法，就可以推演得出很多的结论——这就是我们说的魔法记忆，也就是方法记忆。

总之，知识记忆是容易忘记的，而经验记忆和方法记忆更容易被我们牢牢地记住。

所以希望大家能够学会善用记忆的方法，掌握不用死记硬背的方法。通过刻意练习，学会方法记忆以后，我们才能够成为所谓的"天才"。

真正的天才是什么样的？

天才在刚开始努力的时候，很长一段时间，也可能都没什么效果，但是过了某一个点以后会开始快速地上升。

我们学东西的特点也是这样。你学了A，又通过A学了B，这时候请问你学会的只是A加B吗？不是，你学会了A、学会了B、学会了A和B之间的关系、学会了B和A之间的关系——学会了4样东西。然后再学会了C，C又和A、B发生关系。这之间有一个幂次的指数。

学的东西越多，知识之间发生互动、发生关系的可能性越大。所以，我们在掌握的知识很少的时候看不出来差别，掌握的知识变多了以后，就能看出差别。

要想成为天才，需要有耐心，需要把眼下能够学到的东西慢慢地学好，等待着它们之间发生相互作用。等到最后突然爆发的那一刻，我们自己都会吃惊，怎么自己突然变得这么厉害？

所以不要着急，不要老觉得为什么努力了还是没有效果。一努力就想要看到效果是小孩子的心理，作为一个成年人，你要知道耐心是非常重要的，要等待它逐渐酝酿，最后产生一个爆炸式的变化。

# 帮孩子打开记忆的窍门

《考试脑科学：脑科学中的高效记忆法》的作者为我们提供了一些实用的小窍门。

学习的房间不要布置成红色，因为颜色会影响人的记忆。当一个人受到红色的刺激过多的时候，记忆力会下降。

有人做过这样的测试：做智商考试时，一组考生的答题卷是用蓝笔写的，另一组考生的答题卷是用红笔写的。一模一样的卷子，用红笔考试的考生成绩要比用蓝笔考试的考生低很多。

房间应该被刷成什么颜色？作者说科学没有研究出来结论，她本人比较推荐淡绿色这种让人放松的颜色，可能更有利于记忆。

关于红色，还有一个很有意思的知识点，就是人吃饱了以后看红色会恶心。你吃完饭以后再看一块生肉，可能会受不了。很多快餐店都用红色来装修，在饿的时候看到红色人们可能会想吃，进去吃饱以后，很多人不会坐在红色的汉堡店里面不走，这是一个能够提高翻台率（餐桌重复使用率）的小技巧。

"莫扎特效应"是不是真的？一个人听莫扎特的音乐，就能够更好地学习，是不是真的？作者说是真的，而且很奇怪，只有莫扎特的音乐有这个作用。听贝多芬、巴赫可以吗？不可以，贝多芬和巴赫的音乐，一个有时太激昂，一个有时太沉重。

莫扎特的音乐为什么容易帮助人们记忆？我想到了一个非常重要的原因。他的音乐让人听了以后快乐、开心，这种快乐和开心的感觉，更有助于一个人更好地学习。

有的家长特别讨厌孩子学习的时候开背景音乐，但我们发现，学习的时候周围安安静静，什么声音都没有，会经常走神，学不进去。太过安静反而不好，适当的噪声更有助于记忆。当然，别用电锯，适当的噪声——有辆车经过、有点音乐声会使得记忆变得更好，这是反脆弱。有点干扰因素会使你更容易记忆，所以学习的时候可以有背景音乐。

但是建议你不要听带歌词的音乐。你在背古诗，同时听着周杰伦的歌，就容易背错。最好听那些没有歌词的舒缓的轻音乐，像莫扎特的曲子其实就很好。

谈恋爱到底是有利于学习还是不利于学习？

我相信这个话题肯定会有很多孩子关心。作者说谈恋爱这件事会产生"恋爱脑"，什么叫恋爱脑？一个人跟另一个人谈恋爱，其实是很难的一件事，很多人没法做到。但是如果决定要跟另一个人在一起，你必须在大脑中给自己一个结论，就是其他人我不考虑了，我只考虑这一个人。这就是很多人谈起恋爱来像傻子一样的原因。

在谈恋爱的过程当中，人的注意力会集中在谈恋爱的对象身上，其他的事一概不关心，很多时候只关心两个人的小世界。所以谈恋爱一定会影响学习成绩。但是父母或者老师是不是看到孩子谈恋爱就要如临大敌呢？其实，要反过来想，假如一个孩子初中时想谈恋爱，父母不让；到了高一想谈恋爱，父母不让；结果到了高三的时候，他突然冒出了非谈恋爱不可的想法怎么办？到了高三，高考之前他突然之间爱上了一个人无法自拔，结果岂不是更糟？

所以，父母过度地抑制孩子谈恋爱，可能会使孩子永远过不去关于恋爱的坎，一旦爆发，造成的伤害可能更大。所以，作为家长、作为老师，应该帮助孩子正确地看待谈恋爱这件事，帮孩子分析。可以陪孩子聊聊天，倾听他们的想法。其实，青春期的孩子之间往往只是一时的友情，我们可以告诉他们哪些事可以做，哪些事不能做。

而且如果两个孩子能够互相激发对方的正能量，一位说"我想考清华大学"，另一位说"那我就在北大陪你吧"，说不定能够激励两人，都获得更好的结果。

还有一个关于恋爱的辩证的关系：两个孩子谈恋爱有可能会导致他们的成绩下降，但是如果过度地打压，更可能会使这个恋爱谈的时间更长，更难度过。很多时候外在的压力越大，基于逆反心理，两个人会结合得越紧密。

考试的时候怯场怎么办？一考试就紧张害怕怎么办？有几个方法。

第一个方法是暴露法，多考几次。别人只考期中考试、期末考试，你可以多去报几个其他考试，多往考场里钻几次。考的次数越多，就会越来越习惯。

第二个方法是把自己的紧张写下来。我很紧张，我感到压力很大，我身上在冒汗……观察自己的感受并且写下来，有助于紧张情绪放缓。

第三个直接有效的方法就是坐直。如果考试紧张，千万别趴在桌子上，趴的时间长，说不定心绞痛都会发作。当一个人坐直了以后，体内分泌的神经递质会发生改变。坐直，人的自信心也会开始上升。

多考、写下来、坐直这三招，能够帮助我们减少怯场。

还有一个考试技巧叫作避免中途松懈。

比如说一场考试时限为一个半小时，往往一个孩子注意力最集中的时候，是刚开始的20分钟和考试结束前的15分钟。这个时候，注意力最集中，效率最高，中间就容易松懈，这个是很常见的现象。

作者建议，可以把一场考试分成三个30分钟来看待。第一个30分钟现在开始，15分钟快结束了，又来一个15分钟。

当你把它分成三个30分钟以后，每一个30分钟都有开始和结束，就减少了很多中间松懈的过程，这有助于考得更好。

作者说很多人都不喜欢考试，觉得考试是很糟糕的事，但是我们也要知道，世界上还是有不少人是很热爱考试的。

为什么有人喜欢考试？考试这件事情本身并不构成折磨，是我们对考试的看法带给了我们折磨。

考试实际上是帮助人们学习的过程，因为考试就是输出，就是检验我们的大脑，让我们的大脑一次一次地去回忆那些东西。最后当那些东西被遗忘了以后，还能够在我们身上沉淀下来的东西，就叫作教育。

一个受过教育的人和一个没受过教育的人，是能够看得出来差别的。并不是说只有在学校里才能够受教育，现在社会变得越来越开放，通过自己读书学习也能够获得教育。《考试脑科学：脑科学中的高效记忆法》适合每一个想学习的人，了解大脑的结构，了解大脑是怎样运作的，我们就能够更合理地利用自己的大脑。

希望你学完了这本书以后，能在学习方法上有更多可以长足进步的空间，获得更大的学习信心。

# 10

## 准备:
## 拥有人生的主动权

《准备》这本书有句标语：我们必须让孩子做好准备，不能让运气或环境决定他们的未来。

孩子中学毕业或者大学毕业的时候，很多老师认为孩子将来成功与否得凭运气，因为他们只能够保证一部分孩子成功，甚至觉得现在能够保证成功的孩子，将来也未必真的能成功。大部分人都把自己的未来交托给了运气，交托给了今后的机缘。

翻开《准备》，就会发现作者黛安娜·塔文纳的观点并非如此。这本书在中国的教育界引起了很大的重视，推荐人有中国人大附中的校长、清华附中的校长、北京新英才学校的校长。在美国，推荐人有著名的教育家萨尔曼·可汗，就是可汗学院的创始人，《准备》也曾入选比尔·盖茨的年度书单。

《准备》的作者黛安娜·塔文纳是美国萨米特学校的创始人，萨米特学校被评为美国最优高中，学校的历史并不长，创办于2003年，在全美开办了十多所分校，是非营利的学校机构，扎克伯格基金会也资助了萨米特学校。一所建校只有20年时间的学校，为何在教育界引起这么大的轰动，一致地被中外教育家推崇和重视？

## 看到每个人的天赋

我们究竟该如何让孩子走上社会,才算是做好了准备?

回想一下我自己的经历,别说是高中毕业了,就是大学毕业,我都是懵懵懂懂的。除了会做题、会完成老师布置的任务之外,对于如何和这个世界打交道,几乎一无所知。很多人都没有怀抱着好奇心、喜悦感去探索世界,而是左顾右盼,看有没有人给自己布置"作业",只要有"作业"就开始做题解题。

作者认为这种状况不是一个人真正做好准备的状态。她在书中写了这样一句话:

"献给所有的孩子。在作者看来,教育就是不能够放弃任何一个孩子,教育的目标就是让每一个孩子都能够获得成功的人生,并且快乐地拥有掌握幸福的能力。"

我曾经做过一个探访美国私校的纪录片,叫作《世界的孩子》。很多人说美国的学校教育很好、很棒,环境、软硬件都特别好。但我探访的是私立学校。真正的美国公立高中,或者是公立的中小学,有很多跟中国比起来都有差距。塔文纳就是看到了这一点,才决定要自己办一所高中。

本书开篇讲到了一个叫伊莎贝拉的女孩子,她背着行李跑来找塔文纳说:"我听说你这儿能够保证每一个孩子上大学。"塔文纳说:"没错。"她说:"这就是我想要的。"这个女孩的情况很复杂,她加入了黑帮。

当她告诉校长自己打算脱离黑帮,想要开始学习的时候,塔文纳心头一颤,因为塔文纳知道,一个小孩想要脱离黑帮是多么困难的一件事。塔文纳还是给了她一份入学申请表。

伊莎贝拉的父母吸毒,她与外婆住在一起。外婆出租家里的房子,只要交一点点钱，就让陌生人到家里来住，美国很多底层的孩子就生活在这样的环境之中。

塔文纳对这样的孩子有理解和同情。塔文纳小时候生活在一个父母天天打架的家庭，她的爸爸喝了酒就会打她的妈妈，还会用邪恶的眼神看她们姐妹。她不敢洗澡，每天身上一股味儿。有一天，她的老师跟她谈话，很含蓄地提醒她不要太邋遢。

作为一个青春期的小女孩，她什么都不敢说。她不敢告诉老师自己为什么不敢洗澡，也不敢告诉老师自己在家里每天都可能面临暴力。后来父母离婚，又过了几年，听妈妈说她的爸爸杀死了她的继母。

塔文纳就是在这样的环境之下成长的孩子。美国教育对于一大部分穷苦的孩子是放弃的态度。我在哈佛大学访问一个教育学专家的时候说："我们来美国，想来学习一下教育的经验。"教授回答得特别有意思，他说："你们还来美国学习，可美国都在学习中国，因为中国的孩子担心的是考不上一所好学校，而美国的孩子担心的是什么时候进监狱。"美国也有美国的问题。

塔文纳一开始在当中学老师的时候，是非常沮丧的。作为一个在普通公立学校任教的教师，她每天也面临着来自学生的威胁，当老师们坐在一起喝下午茶、聊天的时候，大家使用的词汇有"战争""战区""敌人"，这证明了工作环境的紧张和不够愉快。

塔文纳一直都想要创办一所符合自己教育理念的学校。萨米特高中是完全按照她的想法来构思的，她的目标就是不放弃任何一个孩子。每一个孩子进到这所学校里来，她就一定要想办法把他送进大学。因为根据统计结果，孩子上了大学以后，收入一般要比不上大学高很多。

所有高中要想搞得好，招生是非常重要的。美国的私立高中，教学成果那么好，毕业后很多孩子都上常春藤，是因为选拔特别严格，孩子要接受面试，参与学校的筛选，还要看家长的素质，等等。

塔文纳的招生没有面试，只要愿意报名，她就愿意收。她第一批毕业班的80位学生中，有诵读困难症的孩子，还有父母都是底层劳工的孩子，家里连学费都有困难，甚至有的孩子被诊断为白血病……她用这样的方式敲开了招收学生，把学生培养到能够上大学。

当她开始招收第一批学生的时候，她的合伙人离开了。对方认为这样招生会让生源变得很差。

塔文纳认为教育的本质在于改变孩子，帮助孩子变得更好、更幸福。教育的本质不在于面试和筛选出来好的孩子，将他们凑在一起。我觉得真正的教育家就应该有这样的情怀。

孔夫子为什么了不起？他有一个理念叫作"有教无类"。教育家不是把贵族的孩子筛选出来经过培养，再培养出一批贵族，显得自己多厉害，真正的教育家要做的是让贩夫走卒都能通过教育变得更好，甚至让做了错事、走了弯路的人都可以通过教育变成好人。

在20世纪50年代，没有互联网，没有自媒体，人们对于教育的成果，要求很简单，只要一个人能够长时间地工作，坐得住，能忍耐，能记住一些操作细节，能够读懂操作指南，会一些简单的数学，就够了。

但是到了当下，社会对于一个人才的要求，基本上涵盖：解决复杂问题的能力；批判性思维，能不能够有反思能力，不断地知道自己什么事不知道，知道自己做什么事是不对的；创造力，人力管理能力、协作能力以及比较高的情商。

塔文纳在创办萨米特高中的时候，目标就是不仅帮助每个学生考上大学，还要让他们适应当下时代的需求，为此做好准备，将来有能力幸福地生活下去。

现在看来，她做得很好，她发展了十多所非营利的公立高中而且被美国的《快公司》杂志评选为"全美十佳创新组织"，被《美国新闻与世界报道》评选为"全美最优秀的高中"。

# 让孩子拥有知识

我读完这本书，立刻与很多从事中小学教育的老师展开了沟通，我向他们介绍萨米特高中的教育方法。

**第一个教育方法：项目式学习**

萨米特高中的课堂，与我们常见的课堂不同。我们印象中的课堂是：一位老师站在台上讲课，几十个学生坐在下面听。

在萨米特高中，走到任何一个教室里，都会发现学生是扎堆的，这边有一小组在忙他们的事，那边有一小组在忙他们的事，不同的小组完成不同的事情。有时候，老师会过来与这些学生聊聊天，跟那些学生聊聊天；或者老师站在讲台那儿，等着学生提问。

这里没有"上课"的结构。塔文纳有一次去别的高中听课，历史老师采用的是传统的教学方式，老师在前方讲第二次世界大战的起因，她坐在教室后面听课，她问一个听课时一直在低着头"作画"的学生："你们学了什么呢？"学生说："历史。"她说："我知道这是学历史，我想知道你具体学到什么了？"最后学生说："挺无聊的。"因为学生没有参与感，整个课堂就是老师点名、收作业，学生记笔记。

萨米特高中要求学生设计和制作基于现实生活的课题。孩子们学各种各样知识的目的是解决自己身边的问题。

这就是老师的新责任。在萨米特高中，老师不需要像在传统课堂上那样讲课。

在这里，老师的责任到底是什么？看起来老师无太大作用，大部分时间学生自己来安排就行了。其实，老师作用很大。

"课题项目首先要提出一个问题，或是一种挑战，该问题或挑战必须与学生本人或他们的日常生活相关。目的是让学生通过做项目，解决实际问题，克服挑战。在寻求解决办法的过程中，学生会得到及时的反馈，并采取行动，不断完善自己的方案。"

比如，在教学生了解工业革命的时候，有一个课题叫作"工业革命：产品的故事"。这需要去找到很多工业革命时代所产生的产品背后的故事。在研究这些故事的过程当中，学生自然会了解工业革命的很多背景，还要去了解工业革命或者该产品生命周期内的有关知识。

再比如说，理科的一个课题"电力屋"，让学生从工程师的角度去设计电力屋。学生首先得了解电力传输的原则、原理。

还有一个让孩子了解新闻和编辑的课程项目，叫作"亲爱的编辑"，在这个项目当中，要求学生亲身扮演作者、新闻媒体记者的角色，生动地感受到相关工作是怎么运作的。

我对此感同身受。我当过几年传播学专业的大学老师，从第一节课上课的时候，我就告诉学生说，咱们班现在分组，每组去注册一个公司。比如，有一位同学开了一家传媒公司，就自己命名，并思考和确定自己的目标。

当我讲到报纸、杂志相关的内容时，我就让同学们研究杂志的历史，出一本属于自己的杂志。我能讲的部分不算多，更多的是引导学生们讲。因为有项目导向，学生们就觉得特别好玩，好像他们自己在创业一样，去筹办一张报纸、筹办一个杂志。最后我发现，我希望学生知道的那些关于报纸和杂志的知识，学生们知道的甚至比我要求的还要多。因为他们希望自己能够做得更出色，这就是一种典型的项目制。

"这些课题项目并非临时植入的，它们是学生的日常作业，深入探讨、规划、调研、制作模型、写作和大量的批判性思考，取代了单纯的授课，学生和老师一同完成这些课题……它们不是甜品，它们是主菜。"

萨米特对那些传统课堂需要听课的部分，是要求学生自己安排时间自学解决的。重要的是在完成课题的过程中，把历史、生物、地理、英语、数学、物理等逐渐学会。

很多家长和老师最担心的是学生不经过考试，将来考试考不过怎么办。萨米特并没有改变美国的考试制度，学生们依然要参加标准化考试，要去答题……经过实践证明，萨米特高中的孩子去参加标准化考试的时候，表现得比其他高中的孩子要优秀得多。

我们千万不要小看孩子的学习能力，孩子一旦有了兴趣，有了自主学习的动力，记住知识就会变得更加容易。当学生展示自己所研究的项目的时候，来听课的别的学校的老师就会问塔文纳说："这是你们最好的学生吧？"潜台词是，这是不是已经向大家展示了最好的学生。

她说："不是，我们每一个高中四年级的孩子都有这样的水平。"塔文纳的原则是不放弃任何一个学生，大家都需要参与其中。她的目标是让学生百分之百考上大学，这在美国是非常难的一件事。因为美国很多工薪阶层的孩子，尤其是底层的孩子，从一开始就放弃了上大学，家里人也没有打算让他们上大学。

老师绝对不放弃他们，要求他们一定要想办法考上大学，考上大学的前提是通过标准化考试。他们敢于用项目制证明这是可以做得到的。

项目制的题目非常有意思，我们可以见到这样的题目：如果现在时空穿越，你能见到南北战争时期的林肯，你的行李箱里要装什么东西，并且说明为什么。

试想，如果你能够穿越到清朝，那时没有电、没有火车、没有飞机，只能带一个行李箱，带什么东西能够帮助你在那个时候活下来，能够在那时候完成很多工作？哪些是生活必需品？

每一个题目的背后，是学生必须得了解当时历史发生了什么事，人们怎么过日子，穿什么、吃什么、怎么跟人打交道。

这就为孩子开启了一大片学习的空间，他们需要学很多东西，才能够解决一个旅行箱的问题。这不是游戏，不是穿插在讲课过程当中的一些"甜点"，这就是课程本身。

**第二个教育方法：自主学习**

我们大人到底可以盯孩子到什么时候？如果孩子是被老师要求上自习的，老师得站在旁边巡视、看着孩子。能盯到什么时候？到了大学以后，孩子会有很长一段不适应期，很多孩子出问题都是在大一，因为他们的自律性彻底被破坏了。

塔文纳认为要想让一个孩子学会自主学习，最重要的三个关键词叫作：精通、自主和目标。

要让孩子给自己定一个高的目标，这个目标要能够实现他们对学问的精通，他们要自主来掌握。

有一天，塔文纳和几个学生一起聊天，有个孩子说："我要准备参加大学的化学预科考试。"

她很吃惊，说："咱们学校没有提供这个课程。"

美国的课程分很多级，最高级叫 AP，就是大学预科的课程。AP 的课程是很贵的，一般来讲，条件比较好的学校会为学生专门请大学老师过来开课。有一次我问一个著名高中的老师："你们会为多少个孩子请一个教授？"因为有时候，如果只有一个孩子数学特别厉害，为他专门请一个教授的话成本很高。那个老师说："一个，只要有一个孩子学到这种程度了，我们就会为他请能够开 AP 课程的教授过来。"我当时惊叹他们学校教育的投入真高。

但是像萨米特这样的普通学校，不是贵族学校，不是私立高中，他们没有那么多 AP 的课程，但孩子们却要研究这个课程，还要参加大学的预科考试。如果能考完大学的预科考试，在高中阶段学完 AP 的课程，到了大学里就有学分了。

塔文纳问他怎么学？

他介绍了学生们自己的方式，组成化学小组，找到大学化学预科教材，还利用可汗学院进行自学，等等。

一个真心想学习的人，哪怕像我这样 40 多岁的中年人，假如现在立志说要学习，在网上都一定能够找到资源，并且能够学得很好。

这就是萨米特的方法，它激励了孩子们自主安排学业。

其实，"活到老，学到老"才是一所学校应该教孩子的，这是最重要的内驱素养。

那么如何帮助一个孩子实现精通、自主和目标？

第一是掌握 SMART 原则。S 是 Specific，有特定的目标；M 是 Measurable，可衡量的；A 是 Actionable，可以实现的；R 是 Realistic，现实的；T 是 Timebound，有时间要求的。

这是工商管理里经常用到的一个工具。运用在教育上，就是要在孩子上中学的时候，就给自己设定目标——我打算在什么时候，学成什么样的状态，有哪些指标可以衡量我的学习效果。

这个原则绝对不是要我们"放羊"，绝对不是要我们对孩子们讲："好，现在上了这个萨米特了，你们随便吧，3 年以后见。"而是每个月、每一周都要问孩子目标是什么，怎样给自己设定一个符合SMART原则的目标。

第二是随机应变。自己哪里学得不好，就再学一下；哪个知识很快学会了，就往下走，去学更多的东西。

人跟人的程度是不一样的。一个班，就算小班也有30个人，甚至很多学校的小班是60个人。一个老师在台上讲课，怎么可能照顾到30个人的不同状态？所以势必有一部分孩子觉得很无聊。

我儿子有时候回家就抱怨，说自己不爱做作业，因为早就会了，但是还得做那么多遍。但是也势必有一些孩子根本不会，根本听不懂。老师也不可能只照顾那些根本听不懂的孩子，他们只能够选择中间状态，最后很容易导致上课效果不太好，有人没兴趣，有人听不懂。

但是，学生自己掌握节奏就可以随机应变。听不懂的部分，自己多下点功夫，再多做几道题，学会了某部分知识后，就可以接着往前走。一个小孩如果真的被激励起来，用自学的精神去努力学习的话，他就会自主寻求更高的挑战。

第三是寻求挑战。一个孩子不能够只学自己擅长的东西，要给自己设定有挑战性的目标。

我去美国访校的时候就发现，他们绝不允许一个孩子高四毕业之前说"我把课程学完了，我现在不用学习了"。你只要学会了、更厉害了，学校就给你请更好的老师，去教你更难的课程，始终给这个学生提供挑战。

萨米特要求，学生自己在制定SMART目标的时候，要能够寻求挑战，要能够不断地让自己学得更难一点。

第四是坚持不懈。学习不是一蹴而就的，我们必须能够忍耐，能够反复地挑战，才有可能学会一些东西。

第五是直面挫折。如果这次没做好，不要紧，直面挫折，下次再来。

第六是适时求助。适时求助就是懂得找人请教。

这六种能力是怎么培养的？所有的老师在跟学生互动的时候，要不断地发现学生体现出这六个指标当中的哪一个。比如老师对学生讲，"你刚刚的这个态度，就表现了寻求挑战"，或者说"你刚刚这个态度是表现了适时求助，我愿意帮助你"。

老师不断地给孩子这样的信息：我们作为老师，要教给你们的是这六种能力，学到多少知识是你们自己的事，要自己去想办法。当你们拥有了这六种能力，就真的能够知道学习是怎么回事了。

我觉得这个是相当厉害的 know how（知道如何去做），"授人以鱼不如授人以渔"，这句话是中国的俗语。但是什么才是"渔"？我们过去觉得，解题思路就是打鱼的"渔"。塔文纳告诉我们不对，解题思路还是"鱼"。学习的态度、精神、设定目标的方法，寻求挑战的这种状态，适时求助的这种方法论，才是"渔"，才真正能够帮助一个人活到老学到老。

有人说，如果遇到特别迷糊的孩子呢？书中讲了一个案例。一个孩子的名字叫威尔，他到学校后整整3周什么都不学。别人打开电脑，他也打开电脑；别人在那儿做项目，他就坐在旁边看。很多人认为这孩子完全没有学习。

塔文纳认为，他也在学习，他在学习什么叫自由，什么叫自己掌控。他只是对这个环境不适应，老师需要有一些耐心，慢慢引导他，让他感受到这里学习的自由是真的，不是一个陷阱，不是有人骗他，不是有人等着收拾他，学习是他自己的选择。

很多家长和老师的担心都是怕失败，万一这个孩子这样下去，不认真学习怎么办，那不就失败了吗？

怎样看待失败？塔文纳说："失败在两种前提下是有意义的。第一，个体确实从失败中学到了一些东西，并且因此而有动力再次尝试；第二，失败不会永久地排除未来的可能性。"

比如说，如果一个孩子失败的结果是他可能会丧命，这是一定不能忍受的，因为这种失败会导致他没有再尝试的机会。但是如果这个失败能够让他学到一些东西，能够让他反思，并且他还有继续尝试的可能性，那么这种失败本身就是学习的过程。

不用过度地担心失败。我们太担心孩子遇到挫折和失败。孩子学习耽误一周时间，家长就已经焦虑了。想想看，古时候谁规定一个孩子几岁上大学呀？根本没有。

我们现在觉得一个孩子如果18岁没有上大学，就是一件很危险的事。那看以色列人，人家毕业以后好几年都不上大学，又是当兵，又是环球旅行。他们

211

上大学的年龄通常是20多岁，这只是节奏不同而已。

失败为什么跟学习有这么大关系？塔文纳有一次受到了启发。她看儿子玩一个切绳子的游戏，儿子也不太会玩。她就说："慢点，你动作太快了。"儿子每次都切错地方，却还是不停地切，他说："妈妈，游戏就是这么玩的呀。"过了没多久，他进步得就很快了，而且每一次尝试都比上一次更好。

塔文纳意识到为什么孩子打游戏进步这么快，因为他可以在游戏里失败一万次。他在游戏里失败一万次也不怕。无所谓！他说游戏就是这么玩的：game over（游戏结束），重启；game over（游戏结束），重启。

当然，我绝不倡导小孩子玩游戏，但是我们可以从游戏当中学到教育学的原理：一个人在游戏里不惧怕失败。假如你现在告诉他说："吃鸡"一辈子就这一次机会，你"吃"不好，今后都不许吃了，那他肯定学不会。但是今天很多家长对于孩子学语文、学数学、学英语的态度就是考试太重要了，考试考不过就完了。

孩子考试为什么要作弊呢？我同事说了一个案例，我觉得特别好笑。他说当初他们学校的高考模拟考试，有个同学作弊。他纳闷，问高考模拟考作什么弊？同学说作弊作习惯了。作弊往往是因为他认为自己只有这一次机会了，所以没有用学得更好、在错误中提升自己的态度来面对考试、面对学习。

我想，如果我将来办一所网上的学校，我就允许孩子考试能考一万次，随便考，次次考零分都没关系，第二天还可以重新考。因为我们的目标是，要让孩子真诚地面对自己没有学会的部分，而不是看自己失败过多少次。

如果孩子只关注失败的情况，他们就会产生特别大的面对失败的压力，就不敢失败，最终导致不敢重复尝试，不敢一次又一次地学习。

从3周一事无成的威尔身上就能够看到，当时老师们的内心是焦虑、不淡定的。但实际上你要知道，这个孩子也在学一些东西，所以他慢慢地开始融入班集体当中，慢慢地跟着别人一起去找目标学习，最后成绩提高了。核心是你得能够让一个孩子知道他是为自己而学习的。

父母如果不能够让孩子意识到学习是自己的事，那么使多大的劲儿都没用。把一个孩子逼迫得假装在学习，最多把他逼迫得考上大学，大人心安理得，满意了，觉得孩子没有令自己丢脸，但却没有办法让他爱学习。一个人如果不爱学习，上了大学直到毕业，他照样不爱学习。我们要做的准备是终身的准备，与大人的面子无关。

# 让孩子拥有合作

**第三个教育方法：反思式学习**

"认知"是一个人知道很多事情，"元认知"是一个人知道自己知道哪些事情。当一个人知道自己知道哪些事情时，就会知道自己不知道哪些事情，他对自己的边界就有了完整的了解。

培养孩子反思、知道自己该学习些什么、知道自己需要些什么是非常重要的。

萨米特用的是导师制。如果一个老师要给三五十个孩子做班主任，他是不可能成为每一个孩子的导师的。但如果把老师上课的任务解除掉，实行导师制，这就代表着一个老师只需要针对15—20个学生，导师和这15—20个学生是"四年一贯制"的，表示从入学到毕业，是同一个老师在引导孩子们。

萨米特还有一个"温馨屋"的设计，在这里，学生可以跟自己的导师倾诉，讲自己目前所面临的状况，从导师那里获得帮助。

让学生参与对其他同学的表现的打分和评选。比如有一个作业是前面所讲的"旅行箱"，做完了以后，让其他组的孩子给这组的学生打分。老师也会打出自己的分，再来跟学生们校正。老师告诉孩子们为什么打这样的分、原因是什么，帮助学生们不断地修订自己打分的标准。逐渐，你会发现，孩子们拥有了判断力。对于作品的判断能力，其实就是非常重要的反思能力，它替代了老师下的评语。

我们过去经常会看到学生写了一篇作文交上去了，老师写了几句评语后发回来，或者打了一个分下来。学生看到分就结束了，不会想"我下一次应该怎么改变，怎么调整"，他们只要看分数，知道自己打败了多少人就够了。学生互评以后，他们会下很大的功夫写评语。

学生写出来的评语往往令人大吃一惊：能够从方法论的角度提出自己的意见；能够从呈现方式上提出自己的意见；能够从知识点的缺陷上提出自己的意见。

孩子是怎么被培养成这样的"专家"的？因为老师帮助他们，老师希望他们能够重新认识自己跟他人的学习，于是让他们参与打分和评选的过程。

这就是在反思中学习，让学生除了学习知识、提高考试成绩、做项目之外，能够站出来观察自己的学习，观察他人的学习，提高自己的"元认知"能力。

这些是来自导师制的方法。一个老师对他所管理的这十几个学生的生活、家庭、梦想，都非常清楚。

我在美国参观高中的时候，有一个印象很深的学校。学校只有190个学生，是一个私立男校。说起其中一个中国留学生的时候，校长甚至能够说出这个留学生的各科成绩和打冰球的速度，甚至还能说出这孩子在冰球场上打哪个位置比较合适，他现在短板是什么。我问："你是校长，你怎么会了解到这么细节的地方？"他说："体育很重要，所以我们要了解每一个孩子的特长。"当然这很奢侈，主要是因为那学校人很少，地又大，又有钱。

但是对于萨米特这样的学校来讲，它条件并不好，它收的学生是很普通的工薪阶层家庭的孩子，老师也没有那么奢侈的配比。但是它没有让老师花很大力气去准备传统的教学，所以老师有足够的精力来关照这些孩子。

### 第四个教育方法：帮孩子们建立良好的人际关系

一个孩子如果高中读完了，变成了一个小学霸，但是谁都讨厌他，那他的学习生涯肯定不是一段成功的学习经历。很多学霸在走上社会以后并不成功，原因就是那些学霸一辈子只相信自己的能力强，认为自己不需要跟别人合作。

但在这个社会，令人成功的最重要的能力并不是竞争。没有哪个有成就的人说："我把其他人踩下去了，所以我成功了。"人踩人是戏剧化的刻画。

事实上，一个人能够做出贡献的核心能力是合作。他要能团结很多人，让所有人一起开心地合作，劲往一处使。

有的大人，从孩子上小学开始，就培养孩子的竞争性：不要跟别人合作，自己的卷子不要给别人看，找到一本有用的习题集不能被别人发现……人际关系其实是教育当中非常重要的一件事。

培养良好的人际关系的方法里，包括老师在跟孩子沟通的时候，是更多地使用问题去引导孩子。比如说一个孩子出现了状况，老师就会问：

"此种情况下，你想要得到怎样的结果？"这是问目标。

"你现在感受如何？"这是问事实。

"你表现了怎样的行为？"这是对现状的观察。

"哪些措施起作用了，哪些没有起作用，为什么？你有没有站在他人的立场看问题，你觉得他们的立场是什么？想要实现你的预期目标，你要做些什么？然后为了改善人际关系，你该做点什么？"这是思考。

这就是用提问的方法跟孩子们沟通，来激发孩子们找到解决问题的方法。

举例说明：问一个孩子"你将来想做什么"，孩子说"我想做一个牙医"。"为什么想做牙医？"孩子说"很酷，牙医很酷"。一般的老师跟孩子的对话到这儿就结束了。

在萨米特，老师还会接着提问，可能是"为什么觉得牙医很酷？牙医很酷的表现在你看来有哪些？你如何确认这些东西是真的？这只是你的感觉，还是说真的是这样？那有什么方法能够帮你更多地了解牙医？你认识哪些人是牙医，怎么能够跟他们建立联系？怎么能够让你更深入地了解这个职业？"

这些问题都是为了帮助孩子更深刻地发掘思想，让孩子去了解社会上各种各样的工作，去探索自己的潜能。

萨米特在迎新活动上，会给每一个孩子发一个气球和一支削尖的铅笔。基本上一看到这个场景，孩子们就已经很兴奋了。老师会要求，看谁的气球能够保持到最后。大家就拿铅笔互相戳气球。

高中的少男少女在教室里拿着铅笔追着戳其他人的气球，有的孩子甚至躲到桌子下边去。但是无一例外，到最后所有的气球全爆了。1分钟后，老师把学生叫到一起，说没有人成功，问大家有什么样的体会。

有孩子会认为，虽然所有气球都爆了，没有人保持到最后，但是，戳破别人的气球最多的人是成功了。

老师说:"我们没有规定戳破气球最多的人是成功者。"

孩子们陷入了沉思。老师告诉大家玩这个游戏的深意,说:"每个人都可以是赢家。"这让孩子们意识到,成功无须建立在牺牲他人之上。

人们误以为"胜者为王",其实不是。大家互相戳,戳到最后气球全没了。如果我们不拿那根铅笔互相戳呢?那每个人的气球都会在。成功的维度是极多的,绝不意味着战胜了别人,把别人搞糟糕了,就可以成功了。

这是他们非常重要的关于人际关系的理念。萨米特以齐心协力、相互支持为校园文化,老师、学生彼此都是队友。任何一个团队,包括老师团队,在组建的时候都会面临着建立期、激荡期、规范期和执行期。

很多团队刚建立的时候整天吵架,大家其实都没有恶意,而是进入了激荡期。激荡期之后,就能够进入规范期,所以要尽快找到规范,让大家能够执行。到了执行期,团队会高效地运转。把带领团队的方法,都教给老师和孩子们,大家就能够接受激荡期。

为了能够更好地决策,他们引入了一套决策机制,把决策过程中的人分成了几个类型。

一种人叫 D(Decisions),决定者;

一种人叫作 V(Veto),有否决权的人;

一种人叫 P(Proposal),提议案的人;

一种人叫 I(Input),意见提供者;

一种人叫作 MBI(Must Be Informed),决定被通知的那一方。

通常团队里有这五种人。

比如学校要定一个吉祥物,D 要选出一个委员会,可以做决定。

校方表示自己是 V,假设吉祥物设计得毫无道理,那肯定通不过。

P 是愿意参与这件事的人,可以提交议案。

I 是团队背后的支持者,这些支持者进行输入,会给很多的信息和建议。

流程是 P 提出建议,D 来做决定,通过 V 审核,最后告诉 MBI。

所有校园内部的决策,都用这种 DVPI 的方式,让孩子们进行讨论。很快孩子们学会了基本的议事规则,也学会了怎样在一个团队中找到适合自己的角色。

老师会引导孩子们如何处理不同的人进行不同决策的问题，不放弃组织中的任何一个孩子，同时倡导让孩子们把合作运用到家庭生活当中去。

今天我们学了DVPI，可以和家人试一下。

比如，要做一个决定：春节去哪儿过年？谁是V、谁是D，谁是提出问题的人，爷爷奶奶是被通知方……很快，就可以进行集体决策了。

以上是萨米特学校的教学方法：项目式学习、自主学习、反思式学习，还有帮孩子们建立良好的人际关系。

## 找到真正好的准备

什么才算是真正帮一个孩子做好了准备？"准备好了"的标准到底是什么？先从一个故事开始讲起。有一个孩子叫扎克，学习很差，数学很糟糕，历史学得也不好。老师凯丽就跑来找塔文纳，她觉得扎克在她教的那门课上要不及格了，如果一个孩子某学科不及格，就很有可能不能毕业；不能毕业，就不能上大学。

塔文纳问了老师一个问题，她的这个问题真的刺痛了老师的心。她问老师说："你真的准备给一个14岁的孩子判死刑吗？"

老师的内心也是崩溃的，她也承受了很大的压力，在她看来，扎克什么也不肯做。

塔文纳和凯丽都知道，这个孩子如果课程不及格，拿不到毕业证，上不了大学，就很有可能到街上混黑帮，他混了黑帮就有可能被枪击，就有可能死亡。

老师的心里非常痛苦，她有理由说"我有我的生活，我也要休息，我也有家庭！"，但她还是决定，再和塔文纳一起努力试试。萨米特学校的原则就是不要放弃这样的孩子。最后，老师帮助扎克找到了学习的感觉。

塔文纳认为，老师不应该完全牺牲自己，孩子也有可能只是不知道自己应该做些什么才有效，于是，她借鉴了几十年来美国教育的精华，列出了帮孩子做好准备的十六种特质。

底层的是健全发展：信赖、压力管理的能力、自我调节的能力。

入学准备：自我认知，也就是"元认知"的部分；共情和人际交往能力；执行力，就是SMART原则，要制订计划并实现它。

对自我和学校的看法：成长型思维，就是把失败视作学习的机会；自我效能感，就是认为自己是不错的，自我价值很高，也知道自己能够做事；归属感，能够找到集体的归属感，能够意识到自己是团队的成员；明白学校的重要性，知道上学是很重要的一件事。

毅力：适应性、能动性、学术韧性。想在学术上有所建树，真的得有点韧性，否则的话太深奥的东西就学不进去了，只能够学简单和肤浅的知识。

独立性和可持续性：自主性、好奇心和目标感。

所有的教育和教学，都是从这十六种特质当中出发的。

众多研究已经证实，这十六种特质与成功密不可分，人的一生中无数次需要用到它们。它们具有强大的力量，无论是在学校还是社会上都适用。萨米特以前曾经尝试过，对于那些不好好学习的孩子，应该怎么办。有的孩子真的没有那么容易被启发，没有那么容易被激励。

他们曾经试过 MASH（Mandatory Academic Study Hall）的方法，即"强制性自习教室"，就是如果遇到真的不学习的孩子，就请进"强制性自习教室"。

塔文纳说："用 MASH，是旨在划出特定的时间，培养和训练孩子的执行力、学习韧性、自律能力和压力管理。但好景不长，学生们开始称其为'家庭作业的监牢'，而一旦得到这样的反馈，我们就意识到，必须对现行制度做出改进。"

在萨米特这所学校里，他们在不断地探索作业的意义，因为塔文纳自己也是一个孩子的妈妈，她的孩子也不爱写作业。原因就是很多作业真的没有必要——很多作业是无聊的重复。

很多孩子对早就掌握了的知识没有任何兴趣，他们会觉得做那些作业并没有帮他们学到更多的东西。但是因为老师强制性的要求，他们必须一遍一遍不断地重复。

萨米特至今都在探索中，如何布置作业能够帮助孩子们更有兴趣去研究，让孩子们更有兴趣去自学，学到更多的东西。

在萨米特，必修课非常少，所谓的必修课就是老师讲课、学生听课。2012年的时候，学生们做了一个对所有课程的打分。项目制的课分都很高，必修课的分则相反。

可能是因为强迫孩子们上必修课，他们不乐意。学校就把必修课改成选修课。改成选修课了以后，教学方式没有变，还是老师讲课，底下的孩子在听，打分还是很低。他们不理解为什么把课程改成选修课了，孩子们选了课，打分依然这么低。原因是孩子们认为这可能是一个陷阱，大人把那些必修课改成选修课，有可能只是想看他们选不选。但这些课，学校可能认为很重要，他们就只好选了。学校重申，孩子们愿意选就选，不愿意选也没关系。又过了一段时间，孩子们的课程分数提高了，突然之间触底反弹，评分也打得特别高。但是学校考查后心里就凉了。分高的原因是选这个课的学生只剩两人了。

为什么这么重要的课，学生们都不愿意选呢？最后他们决定学习苹果公司的"天才吧"的做法，让老师坐在那里，被动地等待答疑，有问题的学生可以排队提问。后来，队伍排得太长，太多的学生跑来提问，最后就变成一个一个的互助小组，让那些学会了的孩子去给其他不会的孩子答疑。这样的话，学会的孩子就更有成就感，这几门课程的成绩会大幅提高。

也就是说，2012年的时候，校长、老师，也曾经试图保留面授的课程，但是最后依然变成了学生自学、老师答疑。

用这种方式，才能够真正地培养孩子受好奇心驱使的自主学习能力。大人不能够强迫孩子必须学什么。

老师的角色到底是什么？很多读者在此刻，心中一定会产生关于此的无数个疑问，我也是。

作者说：

"在这种新型教育模式下，老师的角色并没有消失，只是变得不一样了。你在教室里，还是可以到处看到老师的身影，无论学生是在进行自主学习，还是在做项目，老师都会从旁指导，并提供支持。不一样的地方在于，老师把精力放到了更有影响、更有价值的和学生之间的互动上。一个萨米特的英语老师，可能在上午带着他的导师小组成员，进行'剥文化洋葱'的训练，然后在'畅所欲言'项目中，主持一场苏格拉底式的研讨会，之后在自主学习时间为一小部分学生进行辅导。比起传统的教学方式，老师并没有变得可有可无，而是让他们的才能得到更加合理的利用。另外，学生也不再是彼此割裂的存在，不会抱着自己的笔记本在角落里默默无闻，他们会和自己的同学们一起，将所学到的东西应用到实践中。"

我曾跟一个小学的校长聊起这件事，我说："您可以去看一看，还可以实践一下。"校长就问我一个问题："这是不是对老师的要求更高了？"

我当时觉得用这种方法，对于老师的眼界、老师的修养、老师的教学方法，要求一定是变高了的，但我们不能因此不去实践。虽然老师习惯于让学生们保持安静，自己在台上讲，但是老师也是可以学习和成长的。

萨米特的老师并不是全美最优秀的老师，也不是"最贵"的老师。他们是普通的老师，与校长一起研讨、一起不断地钻研。最后，用这样的方法教学的时候，孩子们也愉快，老师也愉快，因为老师也能够找到自己的好奇心。

到那时候，每一个孩子都可以有不同的对接入口。孩子们的兴趣爱好不一样，但是不妨碍孩子们都能够学会物理、数学、化学。

书里面有一个孩子喜欢过山车，他在很小的时候收到一个过山车模型的礼物，然后就开始留心一切与过山车有关的知识。他了解过山车的结构、安全性、设计理念和历史。他当然可以用过山车作为载体，成为一个把物理、数学、生物都学会的人。还有一个孩子以《我的世界》游戏为入口，学会了写代码。

我大学时候有个同班同学，痴迷于地图，他爱看全世界所有城市的地图。很可惜，我们那时候没有人认为地图能够拿来完成作业，能够把它研究成为一个学问，所以他只是跟着我们一块儿学习传统知识，没有成为一个地图界的天才。在那时候的教育看来，这只是业余爱好，很难成为一个人连接世界的入口。

让这些学生能够产生更多的体验，有更多的探索和追求，就是让他们能够自行地设计学习方案。学生可以参与到和老师的讨论当中来，主导他们自己的课案的方向，这就是互动性的教学。

这不是为了钻体制的漏洞，而是要发掘真正的兴趣。为了应付考试，了解考点到底在哪儿，怎样能够摸到考试的规律，实际上就是在钻体制的漏洞。我们的目标不是为了这个，我们的目标更高，是发掘真正的兴趣。

有太大的未知的世界等待着孩子们去探索，很多家庭早就过了温饱的阶段了，却没有随着物质生活的提高去激发孩子们探索的欲望。我们总觉得还是要按照节奏来比较好，别人都在干吗，我们也要干吗。这就是我们从原始社会以来所养成的随大溜的惯性。

在萨米特的老师看来，发掘真正的兴趣才是能够激发一个孩子学习能力的核心动力。孩子们可以拥抱网络，因为如果不允许看平板电脑，不允许看手机，或者不允许用电脑，他们连网课都没法上。网上的资源极多，能学到的东西是非常多的。另外，萨米特还倡导家长要终身学习。

父母如果希望孩子更有理想，自己就一定要有理想，愿意学习。我经常劝很多家长，不要整天逼着孩子读书，要想办法逼着自己读书。让自己成为一个更好的自己，你的孩子才能够看到榜样，才能够知道学习是可以很快乐的。

否则，孩子就会说："凭什么要让我学习，你告诉我学习很快乐，但我都没见过你干快乐的事啊？你整天都在那儿玩手机，在那儿看电视、打麻将。你现在告诉我学习很快乐，你肯定是在骗我。"所以，家长必须能够做出榜样。

我们一起来思考，到底什么对孩子是最好的？在萨米特，每年平均有55%的学生能拿到大学文凭。这是全美高中平均水平的两倍。

有很多美国的孩子"融化在了夏天里"。"融化在了夏天里"是指有的穷苦人家的孩子，拿到了大学录取通知书，却因为没有钱，交不起学费，或者遇到一个打工的机会，就放弃了大学，没有上大学。

塔文纳本人的经历都足够惊心动魄。在她高中毕业那一年，拿到了大学录取通知书以后，有一天，她的班主任跑来找她，说："听我的，今晚就走，赶紧去上学。"为什么老师会有这样的紧迫感，要让她赶紧去上学呢？原因就是在那个假期里，这个老师已经损失了两个学生。一个孩子自杀；一个孩子出车祸死掉了。青春期的孩子面临着很多的危险，尤其是在美国那样一个贫富差距巨大、枪支泛滥、黑帮众多的环境下，生活在糟糕社区的孩子很有可能"融化"在夏天里，本来拿到了大学录取通知书，但是出于各种各样的原因，最后没去成大学。所以塔文纳始终牢记她老师催着她去学习时的情形。

塔文纳和学校的老师们、教育专家进行一个大讨论，并且问了很多的孩子，力图找到什么才是对孩子最有效的、最好的东西。

最终，他们得出的结论是：要专注于通用技能的培养——所学的知识，到了社会上还是有用的、被重视的。

当今社会大量的人都在应付考试，考试的很多东西在社会上却是用不上的，那么真正需要的东西是什么呢？雇主想要从应届大学毕业生简历中看到的特质是什么？

排在第一位的是领导力；

第二位是团队合作能力；

第三位是沟通技巧（写作技巧）；

第四位是解决问题的能力；

第五位是沟通技巧（口头表达）；

第六位是较强的职业道德；

第七位是主动性。

此外，还有定量分析能力、灵活性/适应性、专业技术能力、人际交往能力、计算机能力、注重细节、组织能力、开朗外向的性格、战略规划能力、创造力、举止得体，还有创业精神/敢于承担风险。

这是雇主希望从孩子、从大学生身上看到的。萨米特的办法就是做了逆向的思维导图，根据雇主们想要的东西，逆向地倒推回来，然后在学校期间，培养孩子们的通用能力。

我在给大学生上传播学课程的时候，找了公关公司的老总，把他请到课堂上来，教导学生要招一个高级的总监，公司需要他具备哪些能力。

我们手把手地教孩子们做漂亮的演示文稿。因为在公司里汇报，经常要把演示文稿做得很好看。我说："这就是你们将来很有可能会用到的技能。"

我记得很清楚，有一次一个著名广告公司的总监坐在讲台下，听我的学生们讲作业，他说："你们比我所在公司的很多员工做的水平都要高，如果你们愿意，我可以把你们的作业拿回去给他们看看吗？让他们也看看人家一个大学里的学生，是怎么做事的。"

这就是倒推的方法，就是你要知道社会上需要哪些能力，然后帮助孩子们将其培养出来。

书里有一个很感人的案例：有一天，塔文纳放学的时候，跟着孩子们往外走，迎面走过来一个拉丁裔的男人，他走到校长面前，看着她。塔文纳看他有点面熟，却想不起来了。他说："我叫马特奥，我是您的学生，我终于找到您了……"

1998 年的时候，马特奥是塔文纳在霍桑高中教的学生，在马特奥毕业的第二天，塔文纳来学校收拾东西，听到马特奥对她说："我不上大学了，因为我妈妈为我付出了很多，我要放弃大学努力赚钱了。"塔文纳立刻让马特奥坐上自己的车，将他带到社区大学，陪他办理了手续，填完了文件，选了课程。

这就是押着自己的学生必须上大学的塔文纳。

已经过去了 10 年，马特奥来谢谢塔文纳当年让自己去上了社区大学。他告诉塔文纳："后来我又考了州立大学，已经拿到了学位，我现在就在霍桑学校教书。和您当年用的是同一间教室。"

马特奥跟塔文纳讲这些事情的时候，塔文纳不知不觉地泪流满面，很多孩子还站在她的身后，她感受到了无声的鼓励。

塔文纳作为一个老师，帮助孩子成功，摆脱糟糕的环境，让孩子去上学，这件事情改变了孩子一生的轨迹。

她因为有这样的经历，也看到了像马特奥这样的学生，所以她在萨米特倡导了"第 101 下敲击"的概念。石匠敲一块石头的时候，前 100 下都没有敲破。但是第 101 下，力道是一样的，石头就突然敲破了，打破了阈值。

很多教育工作者有时候忍不住想放弃孩子，包括很多家长有时候忍不住会说"这孩子算了，就这样吧，没办法了，搞不定了"。原因是他们始终在前 100 下，没有努力地敲那第 101 下，让石头发生质变。

塔文纳说："记住第 101 下敲击，你不知道哪一下会让这个石头出现裂缝。"所以他们有一个口号，叫作 Whatever It Takes，缩写是 WIT，意思是竭尽所能。

有一次，她接到家长的电话，一位妈妈说："我儿子把自己锁在屋子里边，已经好几天了，谁叫都不开门。"她的孩子奥斯卡可能有点抑郁，不想上学了，就把自己关在屋子里边，不开门。塔文纳拿着螺丝刀就冲到孩子家里。她走到了孩子的门口，孩子的妈妈问她要干什么。塔文纳非常大声地说话，屋里的孩子也一定能听到："我要把门拆下来，奥斯卡必须去上学。我知道他遇到了困难，我们一起帮助他，但是前提是他不能把自己锁在里头。"

奥斯卡的妈妈惊呆了，说："这么做管用吗？"

塔文纳说："管用，只不过是一扇门，我总有办法打开它，我今天一定要带他离开。"

门突然打开了！

她就带着孩子上车。孩子沉默地坐在副驾驶。过了一会儿，孩子问塔文纳："您真的会把门拆下来吗？"

塔文纳毫不犹豫地说："我不会放弃你，我会尽我所能。"

这件事情发生了以后，全校的人就给塔文纳起了个外号："终结者塔文纳"。她的原则就是绝对不放弃任何一个孩子。

也许有的孩子看起来很抗拒学习，似乎他们不愿意成为愿意学习的人，但是作为一个教育者，你不能放弃他们。

竭尽所能的含义是什么？塔文纳说：

"竭尽所能不仅仅是一句口号，它是我们的文化，是我们做事的一种思维方式和行为准则，是驱动我们前进的力量。竭尽所能不意味着我们要替孩子做所有的事情，竭尽所能意味着，我们不能一味地接受现状，而是要以更长久的努力去克服困难。竭尽所能意味着，我们不能遇到困难就降低标准，或者干脆放弃。想要真正竭尽所能，我们必须找到有效的方法，首先我们始终要坚信，总有办法打开一扇锁着的门。"

就是这样一个拿着螺丝刀去撬门的校长，坚信101次敲击，能够让一个孩子发生改变。她就是要把孩子送到大学里去。

这所学校每年平均有55%的孩子能获得大学本科文凭，剩下的很多孩子上了社区大学。如果有人交不起学费，他们就慢慢凑钱，想办法帮助他们勤工俭学。总之，这所学校一直努力地要把这些孩子送到大学里。

这都是特别能给我们做教育的人一些启发的事情。因为自古以来，很多人就觉得教育是分层的，觉得有的孩子行，有的孩子不行。但实际上现在这个社会的教育机制已经变得越来越多元化了，不像古代，很多人的出路只有科考。

现在社会如此多元化，只要一个孩子有获得幸福的能力，有能够照顾自己的能力，有追求自己梦想的精神和态度，就不存在必定失败的孩子。不放弃任何一个孩子，是非常重要的一件事。

为了能够帮孩子更好地做好准备，塔文纳要求孩子至少做三套方案。一个人不能够只有一套方案，说"我必须考上哈佛"才算是成功。

在毕业的时候，他们让孩子们考虑：

成年以后你想要过怎样的生活，当然目标要基于对自我有明确的认知。

你想要做的事情必须是切实可行而且有意义的。

在做选择前，一定要全方位地考虑各种可能性。

你的决定应该得到家里人和周围人的支持。

在此基础上，至少要准备三套方案：是要取得大学学位，还是只要完成相应的大学课程就可以，又或者选择抓住一些受继续教育之外的机会。如果选择了最后一种，学生个人的兴趣爱好和所掌握的技能能否成为助力。

学生要具体地描述自己下一步要做什么，要列时间表、做成本分析，并阐明该种选择适合自己的原因。

我觉得这才是真正的育人，塔文纳不认为把孩子送上大学、拿到一个毕业证就算结束了，而是让孩子自己去思考，如果上大学，怎么上；如果不上大学，怎么办。引导孩子做一个计划，把自己在高中所学到的做计划以及小组合作完成的能力，运用到自己人生的规划上。

每一个孩子至少带着三套不同的方案，走上社会。萨米特学校的老师们认为这叫作做好了准备。

塔文纳说，在美国，虽然现在已经有十几所萨米特这样的学校，并且取得了一些成绩，但是，依然有很多人认为教育未必能够成为这个样子。她希望我们大家读完这本书之后能够思考，并且能够做一个好的教育理念的倡导者。

我们不可能每个人去办一所中学，或者办一个小学，但是我们至少可以做一个倡导者，做一个去努力倡导新的教育理念的人。

告诉我们的孩子，告诉孩子的老师，告诉我们周围的朋友——如果他们有孩子的话——我们可以找到很多让孩子学习的机会、空间和课程。

如果您是一位老师，或者一位校长，您就更有实践的机会。有可能我们能够做一些这样的实验，拿出一些课程来尝试一下，我们大家一起努力，打破那扇孩子们紧紧关上的、不愿意跟成年世界沟通的门。

# 11

## 自驱型成长：
## 唤醒孩子的内在力量

当下，年轻人缺乏自驱力成了普遍的社会现象和问题，有的企业招聘到年轻的员工，发现年轻人没有自驱力，只靠着奖金和期权"维持"工作，并且往往也坚持不了多久。

如何让一个人从小就拥有自驱力？

《自驱型成长：如何科学有效地培养孩子的自律》这本书有助于帮我们愿望成真。作者关注到父母们总是千辛万苦地呵护着孩子们成长，后来，孩子们离开家去上大学，没有了外在的约束之后，就彻底地放松了。一个孩子没有成为 self-driven child（自驱型孩子），可能说明他缺乏自控力。

是时候反思了，让孩子上大学就是教育的终点吗？把孩子"塞"到某一个有名的学校里边去，父母就真的能够心满意足地以为可以万事无忧了吗？

想想看，一个孩子在大学毕业后，还需要面对更加漫长的人生，而如果此前人生的路径中，孩子自己都没有参与感，不知道自己的心里想要什么，将来，别人让他做什么他就做什么，成了所谓的"空心人"，那么，让孩子上大学的意义到底是什么呢？其实，有的父母逼迫孩子上大学的本质，是为了面子，只因为自己心里觉得"我的孩子应该上一个更好的学校"。

让我们一起学习《自驱型成长：如何科学有效地培养孩子的自律》，回归教育的本质，了解怎样让一个孩子产生内驱力，产生自律的能力，这对所有的家庭、组织和企业来讲都是至关重要的。

# 家庭教育的四个误区

不懂科学，就有踩坑的危险。我们当代的家庭教育中，往往有如下四个误区：

第一个错误观念叫作"通往成功的途径是一座独木桥，而孩子万万不能被别人挤下来"。

这是很多父母拼命地去买学区房，让孩子去参加补习班的原因。这个观念很明显是不对的，因为人生是一个复杂的过程，而不是一个简单的过程，孩子不会像汽车一样拼凑起来就能跑，孩子是个充满未知和奇迹的生命体。

第二个错误观念是"如果你想拥有好生活，在学校里就得拥有上佳表现"。

当父母有了这个想法之后，太多的孩子不是被逼得太过急躁，就是自己破罐子破摔，放弃所有能尝试的机会。正因为被逼迫和控制得太狠了，所以最后有很多孩子索性说"随便吧"。

第三个错误观念叫作"催得越紧、逼得越狠，我们的孩子就能越成功，长大后就越有出息"。

有一类书，它的理念是让孩子在短期里拿到几个证书，但是它忽略了在孩子10年、20年的成长过程里，生命体验的重要性，急功近利的心态对孩子的内心所造成的伤害和对他们内驱力的损伤都是无法计算的。

第四个错误观念就是"今天的世界比以往要凶险得多，家长必须一直紧盯着孩子，才能确保他们不被伤害，也不至于让孩子闯祸"。

现代社会的犯罪率已大幅下降，城市里到处可见摄像头，整个社会的安全性在不断地提高，只不过因为人们的视觉窄化，有些极端的新闻把人们吓到了，才有了更多的"直升机父母"，天天在孩子的头顶"盘旋"。

我们不该踩上面的几个坑，那到底怎么做才好呢？

《自驱型成长：如何科学有效地培养孩子的自律》的核心和价值在于科学性，让我们去了解人类的大脑，我们要知道孩子的大脑中到底是什么部分在做决策、调节压力、控制冲动。

重要的是如下两个部分：

第一个部分叫前额皮质，前额皮质是人区别于其他动物的重要部分，它帮人类发展出语言、逻辑、推理能力，被称作领航员。

如果一个人用前额皮质进行决策，用前额皮质引导自己的生活，那么，他就是冷静、理智的，可以控制和约束自己的。

但前额皮质有一个特点，就是当压力过大的时候，它就"掉线"了。

举一个简单的例子，常常有人说自己与别人吵架或者是生气的时候，会说不出话来。为什么说不出话来呢？就是当时压力太大，前额皮质掉线了。

第二个部分叫作杏仁核。

当前额皮质掉线后，大脑的工作交给谁接手呢？杏仁核出场。它是人类大脑中最早长出来的部分之一，像一个斗狮战士一样情绪化。

当一个孩子压力过大，放弃了前额皮质的管控时，他就会变得易怒，会大喊大叫或者躲避，一句话都不说，陷入沉默或暴力的状态，因为此刻掌控他大脑的是杏仁核。

如果一个孩子长期地存在这种情况，持续产生的压力就会分泌更多的压力荷尔蒙。

书中指出，健康的压力反应状况是这样：

"压力荷尔蒙迅速上升，随后又能迅速恢复。一旦压力荷尔蒙不能快速回落，人的身体就会出问题。如果压力持续存在，肾上腺就会进一步分泌皮质醇，皮质醇就像是身体为了长期作战而引入的援军，它的浓度在人体内慢慢上升，以帮助身体应对压力。如果有只斑马遭遇了狮子的袭击，但有幸逃脱，没有命丧狮口，它的皮质醇水平会在 45 分钟之内恢复正常。相比之下，人类身上的高浓度皮质醇会一次保留几天、几周，甚至几个月，这就很容易导致问题。身体维持长期较高水平的皮质醇会使海马体里的细胞受到抑制，并最终杀死它们，而海马体是创造与储存记忆的地方。这就是为什么在急性压力下，学生会产生学习方面的种种困难。"

当我在书里读到这一段的时候，我立刻画线，分享到朋友圈。

我经常听到很多家长向我咨询，说："我女儿怎么最近成绩下滑得很厉害？"

我问："你们家是不是有人吵架？"

他说："对呀，我们家最近有点事，所以吵架了。"

为什么我能这么准确地猜测呢？因为家里只要有人吵架，孩子的压力水平就会陡增，孩子的压力水平只要突然高起来，皮质醇分泌就会增多，这就会伤害到负责记忆和学习的海马体。

我已经讲了几百本书，我相信我大脑中的海马体一定产生了变化，在不断成长。

父母如果理解了孩子的大脑是会受伤的，就知道天天在孩子身边不停地指责和唠叨对孩子是多么大的伤害。这是一种慢性压力，慢性压力产生皮质醇，伤害到孩子的大脑，还会使孩子的前额皮质发育缓慢。

很多父母对自己给孩子造成的伤害完全没感觉，总觉得"我唠叨两句"是很正常的，甚至觉得这种唠叨里是满怀着爱意的。但是，只要反过来想一下，假如我们的领导天天在我们身边这样唠叨，我们心里会极其痛苦。

所以我们去观察小孩子，从一个孩子身上能够看到家庭教育的效果，多半也能看得出孩子的家里是一个什么样的状态。

# 让孩子与压力成为朋友

如何确保孩子的大脑前额皮质得到充分的发育？

父母要让孩子体会到掌控感，要给孩子选择权，让孩子能对自己的事做出决定。其实当孩子1—2岁的时候，就已经可以引导他们这样做了。我们在孩子3岁以前，就加以引导，让他们的大脑前额皮质发育得很好。

我们看到冷静、理智、成熟的青少年，觉得他们像个大人，就是因为他们大脑前额皮质层得到了很好的发育。

反之，一个孩子的大脑前额皮质的功能被剥夺，父母整天呵斥、威胁他，动不动就说"我把你送人了"，甚至把他推到门外，把门关上，每天和这样的父母在一起，孩子会时时感受到紧张。

紧张就会让大脑前额皮质停止工作，离线，把所有的决策权全部交给杏仁核。

杏仁核的办法就是斗争，因而摆在孩子面前的选择是要么斗争，要么服软。服软表示有很多孩子会对家长谄媚，不断地迎合父母，在父母面前装得特别乖巧，实际上只是为了能够平稳度过和父母在一起的时间。这都会让一个孩子的前额皮质失去充分发育的可能性。

父母要真正地理解，让一个孩子拥有自控力，就要让他的前额皮质得到足够的发育。这个来自父母给他的足够的选择空间，让他有掌控感。

在美国，从华盛顿特区到帕洛阿托，青少年自杀已经变成了一个非常严重的问题。青少年自杀非常令人痛心，但是人们往往并不知道，青少年自杀的原因基本上都是掌控感缺失。就是说一个孩子完全感受不到自己的价值，说的话在哪儿都得不到重视，他在家里感觉自己是一个"无用"的人，在学校也感觉自己"无用"。

我们往往会把一个人的自杀归咎于急性的压力，以为发生了某一件事，导致这个人自杀。实际上，自杀更多的原因是慢性压力，而不是急性的困难，这是心理学研究的结果。

当然，我们还要记住：人不能没有压力。千万不要因为害怕慢性压力，就走向另一个极端，认为"我一定要让孩子完全无压地生活"。

书中把压力分为三类：

第一类压力叫作正向压力。比如斑马在跟狮子搏斗的过程中没有被狮子咬到，它锻炼了自己的能力，皮质醇快速上升后又得到了快速的下降。

第二类压力叫作可承受压力。可承受压力是一定范畴的压力，可能会导致一点点的损害，但是可以复原。

有这样一项研究：把刚出生的小老鼠从妈妈身边拿开。这对于哺乳动物来说有很大的压力。如果在 15 分钟之内，让老鼠回到妈妈的身边，母鼠会舔小老鼠的皮毛，让它舒服，实际上就是安慰它，这样，小老鼠的行为就会慢慢地变得正常，会越来越好。

第三类压力叫作毒性压力。比如上文提到的小老鼠，如果它离开妈妈超过 3 个小时，很多小老鼠就会开始不理它的妈妈。小老鼠和妈妈之间的联结已经被断开了，它已经完全受到伤害了。其实，青春期是人的大脑最容易受到影响的阶段，也是获得毒性压力可能性最大的时期。

青少年的压力主要来自哪些方面呢？

主要来自学校课程，还有过度的对于竞争的渲染和描述。比如"你必须考上大学""你必须得比他们强很多""你只要考上大学就一切都好了"。这虽然不是真相，但是很多父母和老师会用这个假象来威胁和恐吓孩子，给孩子造成长期的毒性压力，导致的结果就是他们的大脑受到损伤，自控力丧失。

人类压力研究中心的索尼娅·卢比安总结了那些会给生活带来压力的事，并巧妙地将其总结为——NUTS（坚果视角）。

N 是新情况（novelty）。有一部电影叫作《头脑特工队》，小女孩搬家，搬到一个新的城市，要融入一个新的冰球队，这种新情况的发生，就有带来压力的可能。

U 是没想到的（unpredictability）。没有预期到会发生这样的问题。

T 是可能被伤害（threat to the ego）。事情发生了以后，感受到威胁与恐吓，也会有压力。

S 是难以把控的（sense of control）。事情超出了把控范围，能力范围之内无法承受。

这些事是青少年压力的来源。当我们了解了大脑的结构，知道压力对孩子自控性的影响之后，那么，究竟应该怎么做？

书里有一句话，我读到就觉得赚到了，讲的是怎么从直升机父母变成顾问型的父母，学会说这句话就好——"我那么爱你，才不要跟你为了作业的事争吵"。

很多父母跟孩子天天吵架的主要的原因就是作业——写作业、交作业、有没有按时完成作业，甚至是有没有按照家长所规定的时间完成作业。当孩子磨蹭到了第二天早上才开始写作业时，家长就会很生气，发脾气说："你为什么昨天晚上不写？"

父母经常会为各式各样的作业的问题吵架，但父母要知道，作业的事和爱孩子这件事比起来，哪个更重要？那一定是爱孩子更重要。

很多家长来跟我抱怨他们的孩子的时候，我就会问他们："想想看，如果你的孩子现在生病了，你会怎么想？假如你的孩子躺在病床上，你会怎么想？你会想他没有交作业吗？"

大部分家长会说："那不会，我只希望他身体好。"

我说："是的，那才是最重要的事。孩子身体好，爱你，跟你关系融洽，这个东西要比作业重要得多。"

所以父母要学会说"我那么爱你，才不要跟你为了作业的事争吵"。

我建议大家理解这句话的时候，可以做一个角色互换。比如，你今天下班，一身疲惫地从办公室出来，挤地铁回到家里，然后，孩子在家里坐着等你，问："今天在单位里表现怎么样？受到奖励了吗？挣了多少钱？有奖金吗？比别人高还是低呀？"

试试看，只要想一下这个场景，我们就觉得很荒谬，但很多大人每天对孩子做的就是如此。所以，不要为了作业的事情跟孩子吵架。因为我们要深刻地认识到，孩子只是借由我们来到这个世界，他们并不属于我们。孩子不是我们的私人财产，他们要自己去体验生命的美好和喜悦。

《不管教的勇气——跟阿德勒学育儿》这本书里有这样一个提醒：父母教育孩子的时候，最重要的工具就是耐心。因为如果一个孩子不知道自己需要学习，你再强迫他学习都没用，他学完就忘，勉强学了也不喜欢，甚至他考上了大学以后不再学习，你拿他一点办法都没有，所以你只能耐心地等待，等待他有一天突然自己想明白。

另外，父母如果给孩子的压力没那么大，孩子可能更爱学习。孩子都是好奇的、求知的。人，本身就有了解这个世界的欲望。

那么，父母为什么不能淡定地迎来和平呢？

因为父母容易走入两个误区，第一个误区是专制，第二个误区是纵容。

每当我劝父母平和的时候，就有人反问："你让我什么都不用管吗？"

我从来没有提倡纵容。因为在专制和纵容之间还有一个合适的位置，叫作权威型的管理。权威型的管理就是支持而非控制。

父母不断地介入是一个恶性循环，父母学会放手，学会不那么专制，也不完全地纵容，可以让亲子关系进入一个良性的循环。

那么父母应该怎么做才合适呢？

首先就是退一步。没有必要让所有的事都按照父母的想法来办。孩子过的是自己的人生，他们要为自己的选择负责，父母的责任是给他们讲清楚，有多少种选择，每种选择会带来什么样的结果。不用威胁，不用夸大，讲明白就好了，他们有决策的权利。

其次可以做的事就是无条件地爱孩子。曾经有人说："我看到很多篮球教练特别专制、强势，但是他们训练出来的队员都很好。"可是我们要搞清楚，教练不是父母，教练是专业工作者，他们所要做的事是教会技能，而父母最重要的责任是给孩子爱。

如果孩子在父母这儿得到了足够多的爱，哪怕他们遇到一个专制型的教练，也能够挺过去，也能够有动力去应对。但是最怕的是教练也专制，父母也专制，那就麻烦了。爱是排在第一位的，至于技能，父母可以借由社会力量来解决孩子学习的问题。父母首先要保证的是给孩子足够的无条件的爱，然后关注、支持，而不是不管不问。要让孩子知道，父母很关心这件事情，但是只能给他们提供辅助作用，做决策的人是他们自己。

最后就是让孩子自己做主。在让孩子做主的时候，父母要学会讲三句话。

第一句话是："你特别懂你自己，你可是自己的专家。"每个孩子更懂他自己，所以父母这么说，可以帮助孩子建立自信心，认识到自己对自己的责任。

第二句话是："你脖子上长着你自己的脑袋。"或者可以用可爱一点的语气，说："你脖子上长着你自己的小脑袋哦。"让孩子拥有自己独立的判断。

第三句话："你想要让生活中的一切都有条不紊。"我真没想到有这么好的一句话，这是很重要的一句话。很多父母觉得，如果把决定权交给了孩子，那就天下大乱了，完蛋了，天翻地覆了，因为孩子好不容易有了自由，万一玩24小时的游戏可怎么办？

但事实上，孩子并不会这样。孩子也希望自己的生活一切都井井有条，自己能够好好地掌控自己的生活。

反过来仔细观察，孩子在什么情况下会疯狂地玩游戏呢？就是父母总是拼命地掌控他们，结果有一天父母突然说"今天不管你了"的时候，那他们在接下来的24小时里能争分夺秒地玩游戏。

这三句话给了孩子非常强烈的心理暗示，让孩子知道，他们既有意愿，也有能力做到这一切。所以，真的要让孩子做主的时候，这三句话能帮助孩子建立自信心和责任感。

当然，这个过程中，还要补充这一句："我不能因为爱你就放纵你的决定，因为你这个决定听起来实在不太靠谱。"当孩子出现了特别不靠谱的、自私的、危险的行动时，父母是可以站出来阻止他们的。设立边界始终都是养育的重要组成部分。

"温柔但是有边界"，就是父母要帮孩子设立好足够的边界，让孩子觉得有安全感，觉得父母是关注自己、爱自己的，同时在这个边界之内，他们可以决定很多事情。这样，他们的前额皮质就会发育得越来越快，他们遇事自己会冷静地判断，会保持理智。

作者总结了六个理由告诉我们让孩子自己做主有多么重要。

第一是脑科学的理由。

第二是不要让孩子觉得自己是个空心人。如果一个孩子什么事都没有决定的权利，他就会变成一个空心人。

第三个叫从控制感到胜任力，没有控制感就没有胜任力。一个孩子将来能够有胜任力，能够独当一面地解决一些问题，他就必须有控制感。同时，没有控制感会带来大量的伤害，自杀主要的原因是缺乏控制感。

第四个是父母并不总了解怎样对孩子来说是最好的。有时候我们不明白，大人哪儿来那么强的自信呢？他们自己的生活特别好吗？怎么就能够认为，自己对孩子所做的决定都是对的呢？这来自莫名其妙的自信心。所以大人要谦虚一点，很多人并不一定知道什么是对的。

第五是孩子们都很能干。当父母放手让孩子决策一些事情的时候，就会发现惊喜会一个一个地冒出来。核心是要调整眼光，要拿眼睛更多地发现孩子的亮点。最怕的是，将决策权放手给孩子以后，又站在旁边使劲地挑毛病。

第六个是这样做可以培养孩子的情绪智能。比如我们说一个人情商很高，能够管控自己的情绪，很大可能是他从小就自己做主，从小就有这样的机会实践。

# 焦虑的父母就有焦虑的孩子

孩子的焦虑有 50% 以上来自父母的传染，这是一个糟糕的消息。原因是什么？人体除了先天基因之外，还有一个东西叫作表观基因。表观基因就是由后天的、外在的环境开启的。它没有写在原始的代码当中，但是外在的环境会使表观基因开启。比如，曾经在校园暴力中受过伤的孩子，其表观基因中，恐惧、胆小会开启，开启了以后甚至会遗传。

孩子的世界没有那么多的压力，主要压力往往源于父母发脾气。父母为什么发脾气？父母可能因为钱不够发脾气，可能因为工作不顺发脾气，可能因为邻里关系不好发脾气，可能因为孩子作业没写好发脾气……这都叫作二手压力。

二手压力会传导到孩子的身上。还有挑剔、怀疑、控制这样的行为，会导致孩子开启很多跟压力有关的表观基因，这个甚至可以遗传。而如果父母总是挑剔、怀疑、控制，孩子就很容易叛逆。就这么简单。所以，焦虑的父母特别容易带来焦虑的孩子，这是一个坏消息。

好消息是什么呢？好消息是不光焦虑可以传染，平静也可以。所以这里有一个词特别好，叫作"非焦虑临在"。非焦虑临在是个学术性的词汇，如果父母出现的时候，孩子就能够感到安心，这种父母就叫作"非焦虑临在"。

所以我们应该给自己定一个小目标：我们要成为我们孩子的"非焦虑临在"，我们要让孩子见到我们的时候就觉得安心、高兴，愿意扑在我们的怀里，愿意跟我们分享喜悦，而不是见到我们就紧张、躲避。

那如何让一个父母成为"非焦虑临在"呢？让家变成一个安全的地方。

小孩子玩追逐游戏的时候，其中一个会跑到一个地方说"回家"，只要回到那个地方，别人就不能抓他了。他们把那个地方叫作"家"。所以，家就是孩子感到最安全的地方。

怎么让家变成孩子心目中安全的地方呢？

第一，父母可以更多地欣赏孩子的言行。父母这样做，孩子就会感受到家带来的安全感。

第二，父母不要惧怕未来。未来肯定有很多不确定性，但是你要记住一件事，焦虑和痛苦并没有什么好处，坦然地面对未知后，你就会发现这个家会变得更安全。父母不能因为焦虑、恐惧而导致情绪爆发，生气。

第三，管好自己。大人的情绪如果能够管控得很好，能够努力让自己变得更好，努力地学习、努力地进步、努力地读书，孩子也会受到激励。大人都想培养孩子的读书习惯，但是不应该买一堆绘本扔给他们看，而应该经常在他们面前读书。这不能是假装的，不能因为今天孩子出现了，父母就赶紧拿起书来读，装是装不出来的。孩子依然会发现父母经常看手机，孩子的眼睛不会撒谎，他们看得特别准，所以父母得真的爱读书，孩子才能够慢慢地受影响。这叫作管好自己。

第四，学会接纳现实。这个作者在书里专门提到了ACT心理疗（Acceptance and Commitment Therapy），也叫"接受与实现疗法"。

我讲过两本关于ACT的书，一本书叫《幸福的陷阱》，另一本书叫《跳出头脑，融入生活：心理健康新概念ACT》。两本书都讲到我们得学会接受、选择、行动，用ACT的方法改善我们自身的生活。

你可以成为一个"非焦虑临在"，让孩子见到你就觉得安心。出了什么事，只要见到爸爸妈妈，就会觉得很安全，这就是我们能够给孩子营造的一个安全的氛围。

# 帮孩子成为学习的主人

人的一生中有三个基本需求：自主需求、胜任需求、归属需求。

曾经遇到一个老师跟我说："樊老师，你说的那些我觉得特别好，但在我女儿的教育上，别的事我都可以不管她，只有一件事我不能放过。"

我问："什么事？"

他说："弹钢琴这件事，我必须盯住她。"

我说："为什么呢？"

他说："我觉得弹钢琴代表着毅力，如果她放弃弹钢琴，代表了她没有毅力，她将来做别的事也会一事无成，所以她必须坚持弹钢琴。"

这位爸爸特别笃定地向我分享他的教育理念，我相信认同这种理念的父母并不是少数。

《自驱型成长：如何科学有效地培养孩子的自律》的作者认为凡是为了弹钢琴、吹笛子、学奥数这样的事跟孩子较劲的人，都只知道胜任需求。

一个人能够克服困难，学会一个技能，这只是胜任需求。但对于人来说，还有另外两个更基础、更重要的需求，就是自主需求和归属需求。要注意，别在追求胜任需求的同时，破坏归属需求和自主需求。

破坏归属需求可以是："我爸爸不爱我，我妈妈不爱我，这个家里没有温暖。"

破坏自主需求可以是："我说的话不算，我说不想练，不喜欢弹钢琴，不行，非得让我弹。"

其实，当一个人做一件事做得很投入，进入心流状态以后，他的大脑会分泌大量的多巴胺，他就会愿意坚持，愿意做这件事，他的自驱力就会提高。

而我们生活中却常见以下类型：

### 第一种：破坏者类型

如果你想了解什么叫破坏者，一定要去看一个电影——马特·达蒙的《心灵捕手》。《心灵捕手》讲了一个叛逆的天才孩子，最后是怎么一步一步地被引导成为一个正常人的故事。

破坏者的特点是多患有多巴胺缺乏症。就是一个人做什么都没意思，故意地让自己从事一些危险的工作，让自己不合群，变得很暴力。

要想引导一个破坏者，需要有一个导师一样的人帮他发现正向的力量，在他做对的事情的时候，给他足够的肯定，让他知道自己内在的生命力有多么旺盛，让他意识到自身的价值。

### 第二种：爱好者类型

爱好者的特点是除了学习之外，别的事都行。就是只要你不让我学习，你让我干别的事我都特别有兴趣，特别有精神。

作者的建议特别有意思，他说：

"如果他们完全没有去上学的动机，那就要进行学习障碍、抑郁症、焦虑症或者注意缺陷障碍的评估。倘若事态没么严重，那么请尊重孩子，同时也要帮他们建立一种更好地去认识真实世界的认知模型。如果你真的好好跟孩子们说话了，那你就会惊讶地发现，真的有很多孩子能听取你的建议。支持孩子们去追求与学业无关的兴趣，这没问题，相应地，要是将这些兴趣视为一种惩罚的原因，那问题可就大了。"

什么叫作"视为惩罚的原因"？就是"如果你不写作业，我就把你喜欢的魔方没收了"。

"很多家长会克扣孩子体育活动与课外活动的时间。一天就那么多时间，如果你家的高中生整天都在做功课，甚至累得根本都学不进去了，你还要克扣他的体育活动、课外活动的时间，那你在向他传达一种什么信息呢？难道不会让他觉得课外活动比学习更珍贵吗？"

假如你拼命地非得让孩子回到学习的这个道路上，用你的方法严格地要求孩子，甚至去管控课外活动的时间，导致的结果就是孩子会更加珍惜课外活动，他们会对课外活动更加上瘾，因为稀缺性带来珍贵，因为你的管控或惩罚，他对于学习很可能会越来越没兴趣，甚至厌烦。

所以你可以放松一点，尊重孩子的要求，让他们去体会和感受，放松了，孩子说不定就会把注意力转回到学习这件事上来。

我们很多家长觉得，孩子到了初三、高三就没法放松，说："这开玩笑，怎么可能！高三了还能这样做？"

但是我要说，有一种教育方式叫 Gap Year（空档年），Gap Year 就是该上大学了但休息一年，甚至有人的"Gap Year"是休息两年，去环游世界、去打工、了解社会，这也是学习的过程。

### 第三种：无力者类型

无力者类型的孩子对什么都没兴趣，什么东西都觉得没意思，看起来乖乖的，但是让他们做什么他们都提不起劲来。对于这样的孩子，我们需要冷静对待，然后跟孩子多交流，多问问他们的想法，启发他们多说话，并告诉他们我们正确的想法。

比如问问孩子是怎么看待生活和学习这件事，而不是那个虚假的口号，说："这个社会可是很残酷的，如果考不上大学，将来就没戏了。"

你需要认真地告诉孩子你对于学习的看法："学习是我们的一个权利，学习是给我们带来乐趣的东西。作为人，我们有学习的大脑，这是很难得的，就是这样。同时我会尊重你，我关心你有什么样的兴趣，你有什么样的节奏。"

还要多带孩子运动。因为这些孩子体内分泌的多巴胺可能不足，所以要带他们去运动，他们就能够开心，开心以后才会产生动力。

### 第四种：完美者类型

每次一到考试就紧张，动不动就想提前学习，特别焦虑，压力很大。这些孩子并不是靠内驱力在前进，而是靠外在的压力，觉得自己必须表现得好。

对于这样的孩子，我们需要告诉他们真相。什么是真相？真相就是："没有哪门课的成绩能够保证你们这一辈子一定过得好，没有哪个大学的文凭能够保证你们这辈子一定是一帆风顺的。人生是一个综合力的表现，你们今后会遇到各种各样的困难，所以放松一点，尽量地做好每件事就行了，不需要那么跟自己较劲，不需要咬牙切齿。发自内心地喜欢学习，喜欢探索，才是我们这一辈子最重要的力量的来源。"把这个真相告诉孩子。这是我们帮助孩子培养自驱力需要做的。

除此之外，还有一些行为很容易被忽略，但是作者也提出来了，就是要为孩子安排彻底停工期。

什么叫彻底停工期？大脑需要暂停。我们的大脑有一个基础运算，就是基本上你坐在这儿不说话，你的大脑什么都不想的情况下，它依然耗能。这个耗能就是大脑基础的能量代谢。作者在这里用了一整章的内容介绍，要让孩子保持足够的睡眠，至少 8 小时。

很多孩子会假睡，比如很多小孩临睡觉之前跟父母说"我睡觉了"，门一关，拿起手机开始玩了。

所以必须保证孩子在睡觉的时候不玩手机，不看电视，真的能够睡够 8 个小时。

连续一周睡眠不足的人和一个头一天晚上熬了夜的人，一块儿来做记忆力和理解力的测试，两个人的成绩一样差。长期睡眠不足和熬夜对大脑产生的损害是一样的。

所以要让孩子的记忆力、理解力提升，就需要保证他们有足够的睡眠，这也是我们培养孩子内驱力要做的事情。

如果父母在家里就能够做到这些事，接下来要做的事，就是让孩子把控制感带到学校。这个很难，因为学校里进行的是标准化的考试。

标准化考试带来的关键问题是把学生之间的关系变成竞争关系。所以很多标准化考试的佼佼者后来在社会上并没有成为佼佼者，原因是在社会上成为佼佼者靠的是合作，在考试当中成为佼佼者靠的却不是合作，而是独立。这种标准化和社会化之间是矛盾的。

不要只用成绩评价孩子。降低对于成绩的要求，也别老盯着家庭作业，父母也不需要为此变得太过焦虑，因为孩子将来长大了，会成为一个什么样的人是说不准的。

这个社会变化很大，不是一个简单的工业化模型的社会，一个人学什么专业，从事什么工作，过程没有那么简单，所以让孩子健康、阳光、爱学习、有内驱力才是教育真正的本质。

书中有一个所有父母都很关注的话题，被称为"技术野兽"。

现在的孩子都是跟着屏幕长大的，从小看电视、看手机、玩游戏。我们用两句话来评价技术野兽，首先它"威力巨大，不用不行"。谁敢说自己的孩子不用手机，不用电脑？孩子一定会用。其次它"伤害明显，不管不行"。它对孩子大脑的伤害也确实很明显。

我们还要学会判断一个孩子玩游戏是否已经上瘾了。我们要了解玩游戏上瘾的六个特征：

"在花了多长时间玩游戏这件事情上说谎。"

"为了获得兴奋感，花费越来越多的时间和金钱。"

"玩的时间减少时，会烦躁或不安。"

"通过游戏来逃避其他问题。"

"为了能玩游戏，不再做日常工作，也不完成作业。"

"偷钱买游戏里的东西。"

以上六个特征代表着孩子可能真的对玩游戏上瘾了，父母需要帮助孩子一起驯服技术野兽。

到底如何应对呢？我们不能够把手机、游戏彻底拿走，我们要做的事是驯服。

想想看，假如你驯服了一头狮子，狮子跟着你，能够给你带来保护，它不会伤害你，而会为你所用，你多威风？


作者给出了如下建议：

第一个方法：作为一个父母，先管好自己。

父母别整天玩手机，避免孩子一回家看到一家几口人全在低着头玩手机的场景，要让自己有"无手机时间"。

第二个方法：要对孩子适当玩游戏表示理解，甚至父母可以关注地跟孩子一块儿玩那个游戏。父母要表示出对游戏的理解，对于手机时代的理解。

第三个方法：回归自然。大量的孩子在森林中，在沙漠里，在海边玩过以后想不起来手机那件事，很多孩子都说"要用手机干吗，我想不出来有什么事要用手机"，他们会无意识地开始疏远手机，所以要给孩子创造多接触自然的机会。

第四个方法："告知而非说教。"说教、恐吓、抢手机、要把手机摔烂……虚张声势没用。我们要做的是告知，告知孩子玩手机对大脑的伤害是怎么产生的，丧失自控力的人会怎么样，眼睛看坏了会怎么样……让孩子自己去选。

有的父母说，如果孩子选了不玩游戏却忍不住，万一真的看坏了眼睛怎么办？

其实，作为父母，还可以跟孩子一块儿制订合作计划，一块儿商量怎么解决玩游戏的问题，推进行动。

在这个过程中，孩子肯定会坚持不住，比如制订了计划又打破了，没关系，再制订就好了，千万不要去说"你说话不算数，你是一个没有诚信的人，我以后再也不相信你了"之类的，很少有人能严格按照自己制订的计划行动。人们有时候往往对别人犯的错误不宽容，对于孩子的小小失误，甚至还会上纲上线，说"你辜负了我对你的信任"之类的话。其实，很多人都无法按照制订的计划行动，都需要再来一次之后才学得会。

作者还提到了很重要的一点——要有底线。什么叫底线？父母可以对孩子说："我需要知道你手机的账号，我要能够经常性地检查你的手机。为什么？因为你还没有成年，我要确保你没有看太过暴力、血腥、黄色的、赌博的这些东西，这是底线。"

我见过有的家庭并不富裕，但是孩子会偷偷地用手机支付，花几千块钱买游戏里的装备，这个是绝对不能允许的。

《自驱型成长：如何科学有效地培养孩子的自律》除了教我们驯服野兽，还教我们如何训练大脑，这个方法不但对孩子有用，还可以帮助我们成年人。

训练大脑有如下方法：

第一，列出目标，找到障碍，找到克服的方法。这是解决问题的基本步骤。我们可以鼓励和引导孩子把他们的目标写下来。注意，写下来这个动作是非常重要的，因为一个人在把目标写下来或者念出来、说出来的时候，他在头脑里就演示了一次，他会更加认真地对待这个目标。写下来之后再讨论障碍是什么，会遇到什么困难，该怎么解决。

第二，学会注意大脑的信号，比如疲倦了、愤怒了、生气了。在很多家庭看来这些东西没什么信号，只会觉得"你怎么又生气了？"但实际上，假如父母能够给孩子讲一些脑科学知识，让他们知道生气的原理，他们就会冷静。

比如，这样讲："你看，这个拳头就像我们的大脑，靠近边缘这里的位置有个部位叫杏仁核，杏仁核被大脑皮层包裹着，藏在里面……"

当孩子愤怒的时候，你就提醒孩子，现在的大脑是如何工作的，比如"现在是杏仁核在起作用了"，他们就会从情绪里抽离出来。

第三，学会备选计划思维。比如，这样和孩子说："爸爸知道你特别想上这个中学，你也在努力上这个中学，那么爸爸要问问你，如果上不了这个中学咱们怎么办？"

买东西的时候也可以这样想一想，万一买不到或者如果太贵，超出了家庭承受力该怎么办？帮孩子增加各种思考的弹性，让他们自己选择和决定，在买之前就有备选的可能性。

第四，帮助孩子建立对自己的同情心。让孩子不要总是自责，自己批评自己。有的孩子总是喜欢自责，其实，是因为家里边有一个人总是批评他们，他们慢慢地学会了父母批评自己的这种习惯。

自我同情则可以这样认为："我知道这次没有做好，但是我会努力的；我知道这次没有做好，但是我依然是一个有自律能力的人。"这就是始终认可自己的价值，并且知道自己要做对一件事也是不容易的。

第五，练习重构问题。比如，当你在车厢里边看到几个孩子调皮捣蛋，闹得一塌糊涂，他们的爸爸坐那儿无动于衷，你在头脑里可能这么想：这个爸爸怎么不注重公共道德，应该管一管孩子！

但假如你和这位爸爸沟通，你说："你管一下你的孩子。"这个爸爸说："对不起，他们的妈妈刚去世，孩子和我都有点无所适从。"

这时，你会怎么想？你头脑当中对这件事的看法立刻就变了，这就叫作重构问题。

我们大人也是如此。有时候，你给别人发了一条微信，对方总是不回，发现他还在朋友圈发信息。很多人都说，最恨对方一边发朋友圈，一边不回微信。你有没有想过对方不回消息有别的可能？有没有想过重构一下这个问题？

是否存在一种可能性，你的信息被淹没了，或者你的信息对他来讲难以回答，所以他非常纠结，无所适从。

但是当我们脑海当中只有一种状态的时候，你就容易被情绪调动，容易愤怒，大脑缺乏弹性，而这种思维重构的练习就是不断地锻炼我们的大脑皮层，让它能够知道有不同的可能性。

第六，要动起来，让孩子有更多的时间玩耍，有更多的时间走出户外，跟小朋友们互动，到处去疯、去玩、去跑。

还要补充一点，关于自闭症和学习障碍的孩子，作者的观点是父母依然要给他们足够的自控空间，也要努力地让他们去做一些自控的动作和行为，这样对他们病情的缓解和对他们在未来能更好地适应社会更有帮助。

帮助孩子寻找各种各样的替代路线，每件事的完成，都有不同的可能性，有各种各样的渠道帮他们走到他们想要去的地方。

增加了大脑的弹性，选择权才会变得更多。毕竟人生的选择权往往不是来自我们的能力、金钱，而是来自我们大脑的弹性。

父母要给孩子创造一个更加惊喜的世界。孩子考得好，高兴；孩子考得不好，也依然要淡定。这就是我们能够给孩子最好的礼物，帮助孩子去关心这个世界，而不仅仅是关心孩子。

当父母整天盯着孩子说成绩、排名、入学这些问题的时候，就把孩子引导到了一个自私的方向，孩子只会盯着这一点点事。但如果父母能够让孩子看到整个世界，看到有那么多不同的职业，都在为这个世界做各种各样的贡献，他们的世界也会变得更大，而父母，也不必那么焦虑。

我希望分享的这本书能帮助所有父母培养孩子的自控力，让每一个孩子都能够发自内心地热爱生活，愿意自己成长，成为自己的主人。

# 参考文献

［1］樊登.陪孩子终身成长［M］.北京：中国友谊出版公司，2022.

［2］［美］苏珊·福沃德，［美］克雷格·巴克.原生家庭：如何修补自己的性格缺陷［M］.黄姝，王婷，译.北京：北京时代华文书局，2017.

［3］［美］乔尼丝·韦布，［美］克里斯蒂娜·穆塞洛.被忽视的孩子：如何克服童年的情感忽视［M］.王诗溢，李沁芸，译.北京：机械工业出版社，2018.

［4］［美］乔希·西普.解码青春期：如何陪伴十几岁孩子成长［M］.李峥嵘，胡晓宇，译.长沙：湖南教育出版社，2019.

［5］［日］岸见一郎.不管教的勇气——跟阿德勒学育儿［M］.渠海霞，译.昆明：晨光出版社，2018.

［6］［美］布丽吉特·沃克.帮孩子摆脱焦虑：儿童抗焦虑家庭训练指南［M］.郭淑婷，译.北京：北京科学技术出版社，2022.

［7］［美］达娜·萨斯金德，［美］贝丝·萨斯金德，［美］莱斯利·勒万特－萨斯金德.父母的语言：3000万词汇塑造更强大的学习型大脑［M］.任忆，译.北京：机械工业出版社，2017.

［8］［法］塞利娜·阿尔瓦雷斯.儿童自然法则［M］.蔡宏宁，译.北京：生活书店出版有限公司，2022.

［9］［日］池谷裕二.考试脑科学：脑科学中的高效记忆法［M］.高宇涵，译.北京：人民邮电出版社，2019.

［10］［美］黛安娜·塔文纳.准备［M］.和渊，屠锋锋，译.北京：中信出版社，2020.

［11］［美］威廉·斯蒂克斯鲁德，［美］奈德·约翰逊.自驱型成长：如何科学有效地培养孩子的自律［M］.叶壮，译.北京：机械工业出版社，2020.